Violeta Chiriloaie
Liviu Marcuta

A economia neo-social

Violeta Chiriloaie
Liviu Marcuta

A economia neo-social

ScienciaScripts

Imprint
Any brand names and product names mentioned in this book are subject to trademark, brand or patent protection and are trademarks or registered trademarks of their respective holders. The use of brand names, product names, common names, trade names, product descriptions etc. even without a particular marking in this work is in no way to be construed to mean that such names may be regarded as unrestricted in respect of trademark and brand protection legislation and could thus be used by anyone.

Cover image: www.ingimage.com

This book is a translation from the original published under ISBN 978-3-330-33154-9.

Publisher:
Sciencia Scripts
is a trademark of
Dodo Books Indian Ocean Ltd. and OmniScriptum S.R.L publishing group

120 High Road, East Finchley, London, N2 9ED, United Kingdom
Str. Armeneasca 28/1, office 1, Chisinau MD-2012, Republic of Moldova, Europe
Printed at: see last page
ISBN: 978-620-8-19624-0

ÍNDICE DE CONTEÚDOS

INTRODUÇÃO

Há algum tempo, inspirado pelo debate público sobre uma lei romena dedicada a este domínio, comecei a procurar uma definição operacional de Economia Social. Logo me apercebi que tanto as organizações internacionais como uma parte da sociedade civil acusam a sua falta e as dificuldades daí resultantes para estudar a evolução e o impacto da Economia Social a nível global.

Em 2009, a Organização Internacional do Trabalho (OIT) considerou-se "o fórum mais apropriado para desenvolver uma definição universalmente aceite de Economia Social", obviamente em falta na altura. Por isso, aproveitou a Conferência Regional de Joanesburgo para lançar novos debates sobre o tema, no seio da Organização.[1] Apesar de ter sido intitulada "Economia social - A resposta de África à crise global", nem a conferência nem os debates subsequentes conseguiram formular essa definição.

Três anos mais tarde, o estudo *"A Economia Social na União Europeia"*, solicitado pelo Comité Económico e Social Europeu e elaborado pelo CIRIEC (Centro Internacional de Investigação e Informação sobre a Economia Pública, Social e Cooperativa), constatou a mesma falta de uma "definição clara e rigorosa do conceito e do âmbito da economia social que possa ser utilmente utilizada pelos sistemas de contas nacionais".[2]

Embora não exista uma definição padrão, é unanimemente reconhecido que as associações e fundações, as cooperativas e as sociedades mútuas pertencem a este domínio. Esta pode ser a razão pela qual, como também nota o investigador romeno Stefan Constantinescu, "a definição operacional do conceito é dada quer por referência às formas organizacionais na sua estrutura, quer com base nos seus

---

1 As referências podem ser consultadas em

http://www.ilo.org/empent/Eventsandmeetings/WCMS_113333/lang-- en/index.htm

2 Monzon Campos Jose Luis, Chaves Rafael, 2012, *A economia social na União Europeia*, um relatório do Comité Económico e Social Europeu, p 22, disponível em http://www.eesc.europa.eu/resources/docs/qe-30-12-790-en-c.pdf

princípios de funcionamento".[3] A definição proposta por Jose Luis Monzon Campos e Rafael Chaves Avila no estudo do CIRIEC acima mencionado também apoia esta conclusão:

A economia social é "o conjunto de empresas privadas, formalmente organizadas, com autonomia de decisão e liberdade de adesão, criadas para satisfazer as necessidades dos seus membros através do mercado, produzindo bens e prestando serviços, seguros e financiamento, em que a tomada de decisões e a eventual distribuição de lucros ou excedentes entre os membros não estão diretamente ligadas ao capital ou às quotizações de cada membro, tendo cada um deles um voto, ou, em todo o caso, se realizam através de processos de decisão democráticos e participativos. A economia social inclui também organizações privadas, formalmente organizadas, com autonomia de decisão e liberdade de adesão, que produzem serviços não mercantis para as famílias e cujos excedentes, se os houver, não podem ser apropriados pelos agentes económicos que as criam, controlam ou financiam.[4]

É óbvio que, de muitos pontos de vista (como a sua forma jurídica, o modo de apresentação de relatórios, a orientação para o mercado, o emprego, etc.), as associações e fundações, as cooperativas e as mútuas pertencem a diferentes categorias, grupos ou tipos. O estudo do CIRIEC salienta também que, do ponto de vista do SEC 95 (*Sistema Europeu de Contas Nacionais e Regionais*), estas organizações estão divididas em vários sectores da economia nacional.[5] Esta é também uma razão pela qual o seu efeito cumulativo definido como Economia

---

3 Constantinescu Stefan, Atlas de economie sociala (*Atlas da economia social*), 2012, Instituto de Economia Social, Bucareste, p. 5

4 Monzon Campos Jose Luis, Chaves Rafael, 2012, *The Social economy in the European Union*, a report ofthe Economic and Social European Committee, p 22, disponível em 4ttp://www.eesc.europa.eu/resources/docs/qe-30-12-790-en-c.pdf

5 Estes sectores são: sociedades financeiras (S11), sociedades não financeiras (S12), administração pública (S13), famílias (como empresários ou consumidores) (S14); instituições sem fins lucrativos ao serviço das famílias (S15). De acordo com o Instituto de Economia Social da Roménia, as organizações que fazem parte do sector da economia social são as S11, S12 e S15. Ver http://www.ies.org.ro/library/files/act_1_-_raport_preliminar_-_harta_entitatilor.pdf

Social é bastante difícil de calcular a nível nacional ou europeu.

Por outro lado, embora se admita geralmente que certas organizações como as cooperativas e as mutualidades fazem parte da ES, o grande desafio é definir a Economia Social por si mesma, sem recorrer a essas organizações. Duas questões

amse:

A Economia Social é apenas uma soma de cooperativas, associações, fundações e sociedades mútuas ou podemos encontrar outros elementos também sob este guarda-chuva concetual?

[th]Se aceitarmos que as actuais Empresas Sociais tiveram origem em organizações semelhantes criadas desde o final do século XVIII, será que o significado do termo Economia Social que utilizamos hoje é o mesmo que o utilizado há três séculos? A Economia Social limitou-se, desde o seu nascimento, a uma soma de Empresas Sociais ou foi um conceito distinto cujos princípios inspiraram novos tipos de organizações e experiências sociais da época, sem se esgotar nelas.

1. DEFINIÇÃO DO CONCEITO DE ECONOMIA SOCIAL

O termo "economia social" apareceu provavelmente pela primeira vez na literatura económica em 1830. Nesse ano, o economista liberal francês Charles Dunoyer publicou um Tratado de economia social que defendia uma abordagem moral da economia." [6]

1.1 A visão dos economistas do século 19 [th]

A Revolução Industrial determinou a mudança radical da sociedade, com muitas consequências económicas, sociais e políticas visíveis. As ciências económicas entram numa nova fase de desenvolvimento graças à obra de Adam Smith - *Um Inquérito sobre a Natureza e as Causas da Riqueza das Nações* (1776). A sociologia nasce graças à visão positivista de August Compte. Instada pela trágica realidade de um número crescente de indigentes, a filosofia política propõe ideologias variadas, do liberalismo anárquico ao socialismo utópico, na tentativa de definir o papel do Estado e os meios de assegurar o bem-estar de um número cada vez maior de pessoas. [th]No século XIX, todos estes ramos do conhecimento continuam a basear-se em abordagens filosóficas, mas começam também a desenvolver os seus próprios métodos científicos de investigação. Enquanto ciências humanísticas, todas elas respondem à necessidade de compreender e explicar as origens do comportamento humano. Fazem-no utilizando ferramentas sociológicas e promovendo abordagens científicas híbridas, como a economia política, a filosofia social e a sociologia política. O relatório *Economia Social na União Europeia (CIRIEC 2012)* menciona Charles Dunoyer, John Stuart Mill, Leon Walras, Frederic Le Play como os primeiros

---

6 Monzon Campos Jose Luis, Chaves Rafael, 2012, *A economia social na União Europeia*, um relatório do Comité Económico e Social Europeu, p16, disponível em http://www.eesc.europa.eu/resources/docs/qe-30-12-790-en-c.pdf

economistas que utilizam e definem o termo Economia Social.

1.1.1 Sobre Charles Dunoyer e a sua obra: Tratado de Economia Social

Barthelemy-Charles-Pierre-Joseph Dunoyer de Segonzac, nascido em 1786 em Quercy, França, é um economista liberal que também exerceu cargos públicos como o de prefeito de Somme e conselheiro de Estado. A sua obra articula-se em torno do conceito de *liberdade* que deve acompanhar o desenvolvimento da indústria e que não deve ser sacrificado a qualquer preço, apesar do aparecimento de uma classe cada vez mais numerosa de trabalhadores pobres.

O Tratado de Economia Social publicado em 1830 é uma edição revista da sua obra de 1825 intitulada *L'Industrie et la Morale considerees dans leurs rapport avec la Liberte (A Indústria e a Moral estudadas na sua relação com a Liberdade)*. Ele parte da premissa de que todas as manifestações da vida social exigem duas coisas das pessoas: "saber produzir e saber viver". Por outras palavras, todas as acções de preservação e desenvolvimento da sociedade estão relacionadas com "a indústria e a ética".[7] Por indústria ele entende todos os ofícios úteis numa sociedade, sem se limitar aos que produzem bens materiais, mas incluindo também os escriturários, professores e médicos. A ética reflecte-se no princípio de que o estatuto material de qualquer indivíduo é o resultado das suas próprias decisões, que devem ser tomadas livremente e cujas consequências devem ser assumidas a nível individual. A conduta moral é a única que permite evitar a pobreza. O Estado não é o principal responsável pelo destino dos pobres, nem deve ser chamado a reagir a ele. O melhor sistema social, político e económico para Dunoyer é aquele em que o mercado e os mecanismos de regulação da economia são deixados livres. "Trabalho, visão, pensamento

7 Dunoyer, Barth-Charles, 1830, *Nouveau traite d'Economie Sociale*, "A Sautelet et Cie. Librairie Editeurs", Paris, vol I, p 2, em https://books.google.fr/books?id=xzFEAAAAcAAJ&printsec=frontcover&hl=fr&source=gbs_ge_summary_r&cad=0#v=onepage&q &f=false

económico, adaptação", incluindo "a diminuição do número de filhos em cada família"[8] são soluções necessárias para evitar a pobreza. Considera-as soluções individuais e é cético quanto à capacidade dos pobres para se tornarem empresários ou homens de negócios. Os principais obstáculos são a concorrência feroz dos detentores de capitais líquidos mais elevados e a dificuldade de tomar decisões conjuntas".[9]

Dunoyer considera que a sociedade está dividida em três classes e que todas elas são necessárias para o desenvolvimento económico e o bem social: académicos, empresários e trabalhadores. As desigualdades entre eles são normais, necessárias e são como a divisão do seu trabalho. A indústria é o portador do progresso e deve ser apoiada, mesmo que a pobreza e as desigualdades nunca possam ser totalmente erradicadas.

Dunoyer define a Economia Social, por um lado, como um ramo da ciência e, por outro, como uma prática económica das massas e não de uma empresa em particular.

[th]Muitos dos economistas do século XIX utilizam o termo "Economia Política". Dunoyer propõe o termo "Economia Social" ou "Economia da Sociedade" e explica: "o que é afinal a ciência desta economia, senão conhecer estas forças e os meios de que dispõem, isto é, conhecer todos os ofícios que formam a economia de uma sociedade e as condições a que estão sujeitos". A prática de um ofício garante aos indivíduos o rendimento necessário, mas tem também um papel ético e educativo. "A riqueza é, sem dúvida, um dos resultados destas actividades, mas não é nem pode ser o seu único resultado... A economia social contribui, ao mesmo tempo, para a instrução da sociedade, para o seu brilho, iluminação, enobrecimento..."[10]

---

8 Ibidem, p 485
9 Ibidem p 470
10 Dunoyer Charles, 1886, Oeuvres,, Librairie Guillaume, Paris, Vol I, pg 6-7

Do ponto de vista prático, "A Economia Social" ou "A Economia da Sociedade" é, de facto, o exercício livre de todos os ofícios (também chamados de indústria), sem prejuízo moral, facto sugerido também pela substituição do título da sua obra (de *Indústria e moral estudadas na sua relação com a Liberdade para Tratado de Economia Social). Dunoyer escreve ainda:* "a Economia Social de que tratamos é, de facto, a nossa própria sociedade", desde que todos os ofícios, "desde o último artesão até ao primeiro magistrado", possam ser livremente praticados, com base em leis justas.[11] Assim, a economia social é definida como uma prática individual da economia baseada em leis morais que permite o desenvolvimento dos indivíduos e o acesso a uma vida decente.

"A palavra economia não exprime apenas ideias relacionadas com ordens, leis, regras... A economia de uma coisa é a sua organização para atingir um objetivo. Devemos dizer *A Economia da Sociedade* como dizemos *A Economia do Corpo Humano* ou *A Economia do Mundo*. A economia do corpo humano é a maneira pela qual tudo está organizado para exercer e aumentar a força humana. O que é a *Economia da Sociedade* senão a maneira como tudo está organizado para o exercício e desenvolvimento das forças sociais?"[12]

1.1.2 Frederic Le Play e a sua obra Economia Social

Pierre Guillaume Frederic Le Play nasceu em França, em 1806. Formado em engenharia, actuou também como político conservador e escreveu obras de economia. Tal como Dunoyer, também exerceu cargos públicos (sobretudo durante o Segundo Império, quando foi conselheiro de Estado e senador). Foi um defensor da restauração em França, considerando que a ordem social anterior à Revolução era superior à época conturbada do início do século XIX. Em 1856, fundou a *Sociedade Internacional de Estudos Práticos de Economia Social*, que se baseava em análises económicas monográficas,

11 Dunoyer Charles, 1830, Nouveau traite d'Economie Sociale, A Sautelet et Cie. Librairie Editeurs, Paris, volum II, pg 36, http://gallica.bnf.fr/ark:/12148/bpt6k82927m/f43.item.zoom
12 idem

semelhantes às elaboradas na Roménia por Ion Ionescu de la Brad.

Na sua obra *A Economia Social*, fala da falta de coesão (antagonismos e atomização) e da incerteza que os cidadãos franceses têm de enfrentar.

Como solução para as zonas urbanas, propõe uma colaboração entre os empresários e os seus trabalhadores, que devem obedecer a seis princípios "saudáveis" que o Ocidente abandonou e as sociedades tradicionais não. Estes princípios são:

"- a permanência de compromissos mútuos entre o proprietário e os trabalhadores"

"- entendimento total sobre os salários". Como modelo de remuneração, propõe três soluções: em função do tempo de trabalho, "caraterística dos aleijados morais e intelectuais", em função dos bens obtidos (para matéria-prima de baixo valor) e em função da produtividade, tornando-se o trabalhador um empresário, cooperando com outros trabalhadores que emprega, este último modelo é considerado o mais evoluído.

"- combinar o trabalho assalariado com o trabalho doméstico, rural ou fabril" para evitar a pobreza durante o desemprego ou as crises económicas.

"- o hábito de poupar para assegurar a dignidade das famílias"

"- unidade inquebrantável entre a família e o agregado familiar" - a habitação deve ser propriedade e posse livre e individual da família ou em ação há várias gerações.

"- Respeito e proteção das mulheres".

O papel do empresário é patriarcal. Teria a obrigação de defender as famílias dos seus trabalhadores, de lhes dar casa e um rendimento decente, de se ocupar da sua educação religiosa.[13]

No campo, propõe a comunidade de bens e de trabalho de grupos familiares reunidos em tribos pastoris ou em comunas agrícolas, dirigidos por um chefe de família que desempenha o papel de pai.

A reforma proposta é, de facto, o regresso de toda a sociedade ao modelo patriarcal com o apoio do governo.

Quanto às associações de trabalhadores, às mútuas e às sociedades de beneficência, considera-as humildes paliativos, provando que "há males na sociedade[14] mas incapazes de resolver definitivamente os problemas sociais. Não seriam necessárias, se fosse mantido um modo de vida tradicional, não são típicas das sociedades onde há prosperidade e deveriam desaparecer com a conclusão da reforma proposta. Le Play explica: "Paris é hoje o melhor lugar do mundo onde podemos observar o seguinte: as comunidades de trabalhadores não serão no futuro um meio de organização social". Porque tentam imitar as sociedades patriarcais, mas exageram e tomam emprestados apenas os erros, "dando direitos iguais para trabalhos desiguais e estabelecendo contactos difíceis entre os membros. São desagradáveis tanto para aqueles que não têm sentido do dever e da devoção, como para aqueles que se desenrascam melhor sozinhos, devido às suas capacidades e previsões".[15] O é indulgente e diz que os pobres devem ser livres de experimentar todas essas formas de associação, mas isso só os levará a compreender que estão errados. "Na religião e na economia social não podemos recorrer a restrições para evitar que as pessoas se percam... A dura experiência dos erros fará justiça às tradições. A pobreza será erradicada através do espírito de prudência e de outras forças morais que multiplicam a propriedade individual e as famílias sob o patrocínio voluntário das classes esclarecidas."[16]

---

13 Ibidem, p200

14 F Auburtin, *F Le Play. Economie sociale*, 1891, Guillaumin, Paris, pg 121

15 Ibidem,pg204

16 Ibidem, pg 223

Lendo os parágrafos acima, tenho dificuldade em considerar Le Play o precursor do atual conceito de Economia Social. Ele parece antes o seu opositor. Para ele, a Economia Social é uma prática económica da sociedade que deve ser levada a cabo em estreita relação com as normas morais, como para Dunoyer, mas as formas de associação como as cooperativas ou as mutualidades não são consideradas uma boa solução social. Elas prosseguem a sua obra, são criticadas por ela e não esgotam a sua ideia de Economia Social.

1.1.3 John Stuart Mill, Princípios de Economia Política

Outro teórico de renome do século XIX mencionado no estudo do CIRIEC é

John Stuart Mill. A relação entre ele e o campo da Economia Social é estabelecida devido ao facto de o economista "ter prestado uma atenção considerável ao associativismo empresarial entre os trabalhadores, tanto na sua vertente cooperativa como mutualista" na sua obra *Princípios de Economia Política...* "apelando a que este tipo de sociedade seja encorajado devido aos seus benefícios económicos e morais".[17]

John Stuart Mill, filho do economista James Mill, é um filósofo e economista inglês nascido em Londres, em 1806. Foi membro do Parlamento em nome do Partido Liberal, seguidor da teoria do utilitarismo, do Estado Mínimo Liberal e apoiante do movimento feminista. *Princípios de Economia Política* foi publicado em 1848, mas foi sujeito a revisões do autor que, mais tarde, simpatizou também com certas ideias socialistas, permanecendo sempre um seguidor da liberdade e da livre concorrência no mercado.

A sua opinião sobre as cooperativas está expressa nas edições revistas, no Livro IV, capítulo VII, intitulado *Sobre a provável futura sorte das classes*

17 Jose Luis Monzon Campos, Rafael Chaves Avila, 2012, *The Social Economy in the European Union*, um relatório do Centro Internacional de Investigação e Informação sobre a Economia Pública, Social e Cooperativa, p. 16, disponível em http://www.eesc.europa.eu/resources/docs/qe-30-12- 790-en-c.pdf

trabalhadoras. O autor lembra que, na altura, se formaram duas opiniões sobre o destino das classes populares: "uma chamada teoria da dependência e da proteção" oferecida pela classe rica (que também notámos em Le Play e mesmo em Dunoyer) e a segunda teoria "da auto-dependência" da classe baixa".[18] Os discípulos da primeira teoria pensam que "a sorte dos pobres, em todas as coisas que os afectam coletivamente, deve ser regulada *para eles e* não *por* eles. Não lhes deve ser exigido ou encorajado que pensem por si próprios, ou que dêem à sua própria reflexão ou previsão uma voz influente na determinação do seu destino..."[19] J.S. Mill considera que este ponto de vista abre a porta à tirania das classes altas sobre os pobres que "já não podem ser governados ou tratados como crianças". Pelo contrário, "às suas próprias qualidades deve agora ser confiado o cuidado do destino das classes inferiores".[20] Mas uma vez libertados do domínio das classes ricas, ao receberem direitos civis iguais, confiar o destino dos pobres às suas próprias mãos não é suficiente.

Inspirado nas formas de associação de trabalhadores já existentes em França e Inglaterra, Mill considera que "o povo deve aprender a trabalhar um para o outro ou um com o outro, a partir de posições iguais". Só assim a sociedade evoluirá no sentido da substituição das relações entre chefe proprietário de capital - empregado obediente pela "associação dos próprios trabalhadores em termos de igualdade, possuindo coletivamente o capital com que realizam as suas operações, e trabalhando sob gestores eleitos e destituíveis por eles próprios."[21] A democracia política expande-se através da democratização da economia.

O autor estuda o aparecimento e a evolução de dois tipos de cooperação que permitem a emancipação das classes populares:

18 Mill John Stuart, 1909, *Principles of Political Economy with some of their Applications to Social Philosophy*, "Longmans, Green and Co.", Londres, par. IV 7.3, disponível em http://www.econlib.org/library/Mill/mlP62.html#Bk.IV,Ch.VII
19 Ibidem, par. IV 7.4
20 Ibidem, par. IV.7.8
21 Ibidempar.IV 7.21

- São aquelas que se baseiam na associação entre proprietários de capital e trabalhadores. É a primeira forma de emancipação dos trabalhadores.
- As associações onde os trabalhadores investem eles próprios o seu modesto capital, mas sobretudo o seu próprio trabalho, tornando-se empresários.

Na primeira categoria, distinguem-se dois modelos que permitem o aumento do rendimento anual em função dos resultados da empresa. Mas não implicam uma gestão colectiva e participativa, nem a propriedade conjunta da empresa. Um exemplo citado por Mill é o das minas de Whitwood e Methley, em Yorkshire. Aqui, 1/3 do lucro era dividido entre os funcionários e os trabalhadores da sociedade. Além disso, "quando o lucro anual excede 10%, metade do excedente é dividido entre os empregados, acionistas ou não, em proporções correspondentes aos ganhos do ano".[22] Um outro exemplo vem de França, onde a sociedade do Sr. Leclaire, no ramo das construções, oferecia bónus semelhantes aos trabalhadores e distribuía entre eles o lucro anual, proporcional aos salários obtidos durante o ano. Este modelo é atualmente promovido por algumas políticas de RSE.

O segundo modelo da primeira categoria é uma "Joint venture" entre os detentores do capital e aqueles que trabalham na empresa, sem serem empregados, mas sim prestadores de serviços contratados ocasionalmente. Como exemplo, Mill fala da iniciativa dos mineiros da Cornualha que negociam com os proprietários das minas da região, não um salário, mas uma percentagem do preço obtido pelo minério explorado e vendido no mercado por eles. O mesmo acontece no Sul de Inglaterra, onde os pescadores e os proprietários de barcos se tornam associados e partilham o dinheiro obtido com a venda do peixe.[23] O

22 Mill John Stuart, 1909, *Principles of Political Economy with some of their Applications to Social Philosophy,* "Longmans, Green and Co.", Londres, disponível em http://www.econ-lib.org/library/Mill/mlP62.html#anchor_c60, par. IV7.21

23 Ibidem, par. IV 7.15.

rendimento não é constante e não é conhecido com exatidão no início da cooperação, o que cria uma certa incerteza e imprevisibilidade. No entanto, o autor considera que o sistema praticado desta forma tem vantagens morais mais importantes do que as económicas: desenvolve o espírito empresarial, a capacidade de negociação, o espírito de independência, a capacidade de cooperação e a confiança mútua dos trabalhadores que se sentem iguais e donos do seu próprio destino.

A segunda forma de cooperação dos trabalhadores pertence às cooperativas que são consideradas por Mill uma forma avançada de associação social. Apresentaremos estes modelos de forma exaustiva no próximo capítulo.

Também para Mill, a fonte do bem-estar económico é a liberdade. "A justa redistribuição da riqueza pode ser feita aumentando o nível de liberdade e de iniciativa da classe baixa" e não pela intervenção do Estado que é apenas o garante dos direitos dos cidadãos.

Mill raramente utiliza o termo economia social. Na sua obra supracitada, o sintagma em questão aparece no *Livro II, Capítulo X. Meios de abolir o arrendamento Cottier,* onde são propostas medidas para melhorar a vida dos agricultores irlandeses. O grupo social visado trabalhava a terra no sistema de arrendamento agrícola e levava uma vida no limite da subsistência. A solução proposta pelo autor é que se tornem proprietários, não através da expropriação dos ricos, mas comprando os lotes e capitalizando as terras improdutivas. O autor fala da necessidade de criar uma Sociedade (semelhante à Waste Land Society em Inglaterra) que deverá comprar todos os terrenos à venda. Esta Sociedade poderia ser uma associação dos proprietários de capital que obteriam lucro e ao mesmo tempo ajudariam os agricultores pobres a beneficiar das condições mais lucrativas para comprar terras, através do loteamento das terras compradas. No final do capítulo, o autor acrescenta: "Encerro aqui o exame das formas mais simples de economia social em que o produto da terra ou pertence indivisamente a uma classe (dos proprietários de terra), ou é partilhado apenas entre duas classes (os que trabalham a terra e os que a possuem)."[24 25] A Economia Social aparece, portanto, aqui também como uma prática da economia pela sociedade. As cooperativas são apenas um segmento da Economia Social, manifestações inspiradas cujo exemplo deve ser seguido, mas a Economia Social não é o exclusivo de um certo tipo de organizações. Ela está mais próxima dos termos da Microeconomia que usamos hoje em dia em oposição à Macroeconomia avaliada e praticada pelo Estado.

1.1.4 Leon Walras, considerações teóricas sobre o *estudo da economia social, teoria da distribuição da riqueza social*

Leon Walras publicou a sua obra *Estudo de economia social, teoria da distribuição da riqueza social em 1896.* É um economista e matemático francês (1834-1910), filho do economista August Walras. A maior parte da sua atividade académica foi desenvolvida na Suíça, onde a maioria dos seus alunos eram advogados, o que não lhe dava visibilidade nem oportunidade de ter discípulos. A sua obra fundamental, *Elementos de economia pura,* foi apreciada sobretudo após a sua morte, quando foi redescoberta e traduzida". Por conseguinte, a difusão das suas ideias é claramente precedida pelo aparecimento das cooperativas. Ficou na história da economia essencialmente pelo conceito de *Utilidade Marginal* e pela *Teoria do Equilíbrio Geral, que* explica o mecanismo de formação dos preços no mercado global, em função da oferta e da procura. A sua abordagem económica é marcada por métodos e modelos matemáticos dificilmente acessíveis às massas e mesmo aos especialistas sem estudos de matemática.[26]

Como matemático, afirma que a noção de valor em economia é independente da

24 Ibidem, par. 11.10.18
25 http://www.econlib.org/library/Enc/bios/Walras.html
26 idem

moral e deve ser estudada como tal, prevalecendo a abordagem científica sobre a filosófica. Na visão de Walras, as ciências económicas são constituídas por três partes:

"1. estudo das leis naturais da taxa de câmbio ou da troca, ou teoria da riqueza social. (Teoria Económica ou Economia Pura)

2. Estudo das condições mais favoráveis para a agricultura, a indústria, o comércio, o crédito ou a teoria da produção de riqueza. (Economia aplicada)

3. Estudo das melhores condições relacionadas com a propriedade e a cobrança ou a teoria da distribuição da riqueza (Economia Social)".[27]

Por riqueza, o autor entende: "todos os bens materiais e imateriais que estão disponíveis em quantidades limitadas; por outras palavras, por um lado, são úteis para nós, por outro lado, estão disponíveis apenas em quantidades limitadas".[28]

Ao falar da distribuição da riqueza, tal como Mill e Dunoyer, Walras culpa o monopólio e defende a liberdade do mercado e a propriedade privada, dizendo que as pessoas só podem ser livres se forem proprietárias, o que lhes confere poder e as liberta da escravatura. Mas, continuando a teoria do seu pai, é a favor da nacionalização da terra e dos recursos naturais pelo Estado. Assim, este último disporia de recursos suficientes e poderia renunciar à tributação dos salários que, na sua visão, condenam o trabalhador à pobreza. Livres do peso dos impostos, com o dinheiro poupado, os trabalhadores poderiam acumular um pequeno capital para investir em cooperativas de que seriam proprietários. "A formação

---

27 Walras Leon, 2010, *Studies in Social Economics*, "Ed Routledge", Abingdon https://books.google.ro/books?id=LCHGBQAAQBAJ&printsec=frontcover&hl=ro&source=gbs_ge_summary_r&cad=0#v=onepage&q=social %2Beconomy&f=false
28 idem

de sociedades cooperativas fortes, capazes de ajudar a classe operária a beneficiar de uma parte da riqueza da sociedade, mantendo lucros que, em quaisquer outras condições, estariam na posse dos monopolistas, é parte integrante do seu plano de reforma social".[29]

As cooperativas devem funcionar de forma independente do Estado, depender apenas da iniciativa e do trabalho dos seus fundadores e oferecer bens no mercado livre e competitivo. O proletariado pode transformar-se numa massa de empresários e detentores de capital, o que lhes garante o seu bem-estar e a sua liberdade. O termo economia social é também aqui utilizado de forma diferente do que significa hoje, num sentido mais lato, mas também diferente dos autores anteriores citados, referindo-se desta vez a princípios macroeconómicos como as políticas estatais de redistribuição da riqueza nacional através da redefinição das formas da propriedade pública e privada e do sistema fiscal.

thA maioria dos trabalhos de economia do século XIX identifica uma questão social: a formação de uma classe cada vez mais numerosa de pessoas economicamente vulneráveis. Esta classe começa a formar as "massas", a maioria, em oposição às elites, a minoria.[30] As massas são constituídas pelos trabalhadores da indústria, mas também pelos pequenos agricultores, pela pequena burguesia dos empresários e dos escriturários e respectivas famílias, pelas crianças que contribuem para a economia social, trabalhando desde os 10 ou mesmo 6 anos de idade, pelas donas de casa ou pelas mulheres empregadas que ainda não beneficiaram de direitos civis. As massas terão cada vez mais peso na economia nacional, provocarão ou apoiarão revoluções, participarão no processo de governo. Parecem homogéneas, mas são formadas por grupos diferentes que mudam de forma em função das influências externas. A

---

29 Cirillo Renato, 1984, *Leon Walras and Social justice*, The American Journal of Economics and Sociology, Vol. 43, No. 1, pp. 53-60 disponível em https://www.jstor.org/stable/3486394? seq=3#page_scan_tab_contents
30 O termo é lançado e explicado por Gustave le Bon em *Psicologia das massas* (1896).

preocupação de encontrar soluções para a pobreza e a exclusão social é frequente na época e as obras acima invocadas vão ao encontro destas preocupações.

Por um lado, todos estes trabalhos mostram que a pobreza tem causas e efeitos morais. O estado de carência material é causado e acompanhado por carências morais e educativas. Por esta razão, as obras de Dunoyer, Mill, Le Play pertencem certamente ao domínio da "Economia social" que, tanto em francês como em romeno, é traduzida pelas mesmas palavras como (Economia social), sem que o seu significado seja idêntico. "*A economia social é hoje um ramo da economia enquanto ciência que investiga as relações entre a economia e a sociedade", abordando questões* como "como é que os valores sociais e morais influenciam o comportamento económico,..., quais são as implicações éticas da teoria e da política económica; e como é que as diferentes instituições sociais contribuem para uma economia sustentável, justa e eficiente".[31] Entretanto, como foi explicado anteriormente, a Economia Social é uma soma de Empresas Sociais. Recuando no tempo, analisando o significado utilizado por todos os autores mencionados para o termo Economia Social, parece mais próximo da noção atual de Economia Social, incluindo mas não se limitando às formas de Empresas Sociais.

Por outro lado, os trabalhos acima referidos mostram que *a Economia Social, enquanto prática económica, pode ser definida como um meio através do qual os membros das classes económica e socialmente vulneráveis podem acumular capital.* A sua vulnerabilidade resulta precisamente do facto de não possuírem factores de produção como o capital e a terra, por outras palavras, não têm dinheiro nem propriedades. O objetivo de possuir um capital não é necessariamente enriquecê-las, mas garantir um nível de vida decente a um maior número de pessoas diretamente envolvidas em actividades económicas, ou seja, a formação de uma classe média numerosa e estável. A acumulação de capital, mesmo em quantidades modestas, é uma adaptação à sociedade capitalista

31h ttp://socialeconomics.org/

daqueles que só podem contar com a sua própria força de trabalho e com os seus pares. Uma vida moral que evite o desperdício e a preguiça, um comportamento económico preventivo que inclua poupanças, previsões, adaptações e investimentos para melhorar a capacidade da mão de obra, as associações independentes de pessoas de categorias vulneráveis podem levar à acumulação de capital e de propriedades, mas também à formação de um espírito empresarial que transforme os trabalhadores em empresários de tipo capitalista. As formas pormenorizadas de o fazer e a definição de vida digna diferem de autor para autor. Mas esta última inclui, em geral, não só a satisfação das necessidades básicas: alimentação, vestuário, espaço de habitação. Uma vida digna significa também segurança, saúde, educação. Significa um valor acrescentado que pode ser poupado ou reinvestido em objectivos comerciais e sociais, depois de cobertas as despesas básicas.

Relativamente às novas tendências na definição da Economia Social, sempre também organizações sem fins lucrativos que operam fora do mercado, também deve ser dito que os autores mencionados não são a favor das organizações sem fins lucrativos ou da caridade. O lucro é o objetivo da atividade económica, a medida do seu sucesso. Assegura a sua continuidade e valida-a. O que está em causa não é a sorte dos objectivos do lucro, mas uma distribuição mais equitativa e responsável do mesmo. Também não se trata de caridade, mas de desenvolvimento das classes pobres com base nos seus próprios esforços. A caraterística principal da Economia Social como um todo deve ser a vontade e o poder de autoajuda, exercido dentro de formas democráticas de associação.

thTendo em conta todos os aspectos acima referidos, uma definição da Economia Social resultante dos trabalhos do século XIX poderia ser a seguinte:

A economia social é a atividade económica exercida por indivíduos e grupos sociais que capitalizam a sua própria força de trabalho para assegurar um nível de vida decente para si próprios. A economia social deve ser praticada no respeito das normas legais e morais da sociedade.

1.2 Experiências de economia social

Depois de analisar os trabalhos dos economistas, maioritariamente pertencentes às classes altas, achei interessante analisar a posição da burguesia envolvida tanto nos debates sobre economia social como na dinamização do movimento cooperativo. Ao contrário da elite cultural formada principalmente por teóricos e escriturários e do proletariado que não consegue ultrapassar a sua condição, a burguesia combina os dois aspectos, tentando pôr em prática as suas próprias ideias de Economia Social também através do desenvolvimento de certas experiências sociais. Assim, partem do particular, de exemplos concretos da microeconomia, em busca de certas soluções que possam ser aplicadas a nível macroeconómico, incentivadas por normas jurídicas estatais. É o caso de pensadores como Robert Owen e François Fourier.

1.2.1 O legado de RobertOwen

Robert Owen (1771-1858) nasceu no País de Gales, sendo o sexto dos sete filhos de um comerciante de Newtown. Embora a sua família pertencesse à classe média, Owen foi enviado para trabalhar numa tapeçaria fora de casa, aos 10 anos de idade. Depois de vários empregos semelhantes, a sua mente aguçada e o seu espírito empreendedor permitiram-lhe tornar-se gerente de uma fábrica de algodão em Manchester, aos 19 anos, e depois sócio de uma empresa rica. Dirigiu a fábrica de algodão Lanark, na Escócia, fundada pelo seu sogro em 1784, que mais tarde comprou com alguns sócios e onde implementou o seu primeiro projeto de reforma social.

Escreveu quatro ensaios reunidos sob o nome de *A New View of Society or Essays on the Principle of the Formation of the Human Character,* expondo a experiência de New Lanark e os seus planos para o futuro, a sua visão sobre a educação (a arma mais eficaz contra a pobreza) e um apelo à expansão do seu modelo social a todo o país através de reformas legislativas. Na altura em que escreveu os seus ensaios, Owen já tinha passado 16 anos em New Lanark e a comunidade local contava com cerca de 2000 membros que trabalhavam sobretudo para a sua Spinning Meal.

Para disporem de mão de obra, os fundadores da fábrica recorreram a pensões na zona, prática habitual na época (regulamentada pelas Leis dos Pobres elizabetanas, 1601) e encorajaram as jovens famílias a instalarem-se nas imediações da fiação, oferecendo-lhes rendas baixas. 500 órfãos entre os 6 e os 10 anos foram trazidos de Edimburgo e receberam uma habitação comum, comida e roupa em troca do seu trabalho como aprendizes. Tal como a maioria das crianças pobres da época, trabalhavam doze horas por dia na fábrica, mas também eram obrigados a frequentar a escola fundada pelo patrão perto da fiação. Eram visitadas regularmente por um médico que lhes ensinava normas de higiene e eram instruídas por professores que estavam proibidos de usar castigos corporais, como acontecia na maioria das escolas da época.

No início, as famílias instaladas na aldeia eram constituídas por pessoas sem instrução e com uma conduta moral duvidosa. O autor refere que rapidamente acumularam dívidas, viviam na miséria e o seu estado de saúde era precário. Os órfãos raramente fugiam da comunidade, optando antes por uma vida miserável nos arredores da cidade mais próxima. A flutuação dos recursos humanos era elevada, especialmente quando Owen impunha regras de higiene, limitava o consumo de álcool e estabelecia controlos regulares para impedir o roubo e a venda de artigos roubados dentro da comunidade. Consequentemente, a fiação continuava sem trabalhadores, apesar dos montantes gastos pela direção para melhorar as condições de vida dos trabalhadores. Mesmo que, como inglês e de religião diferente, tenha levado vários anos a ganhar a confiança dos seus empregados escoceses, Owen decidiu instalar-se permanentemente no meio da comunidade, tentando compreendê-la e supervisioná-la de perto.

Para combater os actos criminosos no interior da colónia, sobretudo os roubos, empregava funcionários que controlavam regularmente os trabalhadores e educadores que lhes explicavam as vantagens do comportamento moral. Sem recorrer a castigos corporais, sem apresentar queixa contra os seus empregados às autoridades estatais, o controlo interno e a educação diminuíram a incidência da criminalidade. Ao mesmo tempo, eram oferecidas às pessoas alternativas profissionais morais que lhes permitiam aumentar os seus rendimentos sem correrem qualquer risco.

As multas cobradas pelos escrivães, juntamente com um imposto local (a parte de 60th do rendimento), contribuíram para a formação de um fundo de riscos, acidentes e pensões que Owen também pretendia utilizar na construção de parques e casas para os reformados.

Todas as casas da aldeia foram melhoradas, as ruas foram pavimentadas, foram abertas lojas de roupa, de géneros alimentícios e de combustíveis a preços de fabrico. Sob a sua direção, a fábrica abandonou os aprendizes do orfanato. As famílias instaladas foram encorajadas a enviar os seus filhos para a escola comunitária até aos 10-12 anos de idade. No entanto, é de salientar que a maior parte deles ia para as aulas à tarde, depois de quase 12 horas passadas na fábrica.

Owen pensava que a educação das crianças devia começar desde que elas pudessem andar, porque o homem não forma o seu carácter por si próprio e não é culpado daquilo em que se torna, no caso de exemplos negativos que o rodeiam desde o nascimento e que ele segue sem poder escolher. Para evitar a formação de hábitos negativos, mas também para permitir que as mães regressassem mais rapidamente ao trabalho, criou a primeira creche em Inglaterra. O Novo Instituto tinha de continuar a educação recebida na creche, oferecendo conhecimentos teóricos e sem conceitos religiosos suspeitos de trazer superstições, medo ou rejeição de outras pessoas. As raparigas aprendiam também a coser, a cortar, a cozinhar economicamente. Os rapazes recebiam formação militar para poderem proteger a sua comunidade e porque esta profissão era valorizada na altura.

Os resultados da sua experiência na Escócia, largamente descritos nos seus Essays, serviram para o autor pedir uma reforma que consistia num "sistema bem digerido e não exclusivo para a formação do carácter e a melhoria geral das ordens inferiores".[32] do Parlamento britânico, uma reforma que, segundo ele, seria benéfica para toda a sociedade. "Com base na experiência de uma vida dedicada ao assunto, não hesito em dizer que os membros de qualquer comunidade podem ser gradualmente treinados para viver sem ociosidade, sem pobreza, sem crime e sem punição; pois cada um destes é o efeito do erro nos vários sistemas prevalecentes em todo o mundo. Todos eles são consequências necessárias da ignorância. Treine qualquer população racionalmente, e ela será racional."[33]

Em segundo lugar, solicita ao governo que combata a pobreza através da criação de novos postos de trabalho relacionados com a produção de bens de utilidade nacional, tais como "construção e reparação de estradas, canais, portos, docas, construção naval e materiais para a marinha"[34] sob a administração direta do Estado. Preocupado em não distorcer as leis do mercado livre no cálculo do valor dos salários, propõe a criação do que hoje chamamos de Delegacias Regionais do Trabalho. Estas autoridades locais deveriam elaborar relatórios trimestrais no território sobre o preço médio do trabalho no distrito, o número de desempregados e de trabalhadores diaristas, o número de empregados temporários. Seriam também necessários dados sobre os empregos anteriores dos cidadãos e o número de horas de trabalho que estariam aptos a realizar nesse momento. Os empregos de utilidade pública seriam mal pagos em comparação com os das empresas privadas, mas esses salários seriam determinados em correlação com a média do valor do trabalho a nível distrital.

Owen pede também ao governo que deixe de prestar assistência aos pobres sem pedir nada em troca. O autor considera que as Poor Laws britânicas do seu tempo

32 Owen Robert, 1913-1916, A New View of Society or Essays on the Principle of the Formation of the Human Character, and the Application of the Principle to Practice, pg 19, disponível em http://la.utexas.edu/users/hcleaver/368/368OwenNewViewtable.pdf

33 Ibidem, pg 38

34 Ibidem, pg 48

"proclamam publicamente um maior encorajamento à ociosidade, ignorância, extravagância e intemperança do que à indústria e à boa conduta".[35] Por isso, estas leis deveriam ser substituídas gradualmente por "um sistema para a prevenção do crime e a formação do carácter humano"[36] acompanhado da limitação do consumo de álcool (menos licenças concedidas para a comercialização de bebidas espirituosas) e da limitação do jogo (o encerramento da lotaria nacional).

O ponto principal da ideologia de Owen é que "o homem nunca formou, nem é possível que venha a formar, o seu próprio carácter".[37] A educação forma o seu carácter e é a arma mais eficaz contra a pobreza e a exclusão social.

Depois de acreditar, aos 53 anos de idade, Owen investiu no estrangeiro uma quantia considerável dos seus rendimentos para fundar uma colónia. New Harmony-Indiana foi fundada em 1825 e era dirigida por um dos seus filhos. A comunidade possuía vários milhares de acres e tinha uma média de 1000 habitantes.[38] Apenas dois anos após a fundação, o fracasso foi evidente e a comunidade desmoronou-se.

De regresso a Inglaterra, Owen lutou toda a sua vida pelos princípios em que acreditava. As medidas que praticou e propõe nos seus ensaios são propostas de Economia Social e as suas obras que relacionam a ética com as fontes e os desempenhos económicos são obras de Economia Social. New Lanark não era uma cooperativa, mas uma sociedade em miniatura. A população não decidia por si própria, mas tinha de obedecer aos princípios de um líder civilizador. Segundo Owen, as pessoas não podem elevar-se por si próprias. Precisam das boas leis e dos esforços de mentes iluminadas para passar da sociedade atual, imperfeita, para uma sociedade em que, pela educação, todos partilhem a sua visão sobre o

---

35 Ibidem, pg 38
36 Idem
37 Ibidem, pg 24
38 http://www.historyguide.org/intellect/owen.html

bem-estar social.

Owen encontrou apoiantes em todas as categorias sociais do seu tempo. Vários detentores de capital no Reino Unido, que se identificaram com a sua visão, aceitaram uma margem de lucro menor em troca de determinadas medidas sociais. Um deles foi Jeremy Bentham, filósofo utilitarista e jurista reformista, que também se tornou seu parceiro de negócios e apoiou os seus esforços sem concordar totalmente com a sua filosofia. Teve discípulos entre os trabalhadores que também fundaram cooperativas em nome das suas ideias de uma vida moral, em que o bem-estar individual só pode ser construído como parte do social. Algumas das suas ideias são aplicadas pelas empresas, como parte da sua política de RSE. Outras foram adoptadas pelas políticas nacionais de emprego e educação. As suas ideias reflectem-se hoje em dia em muitos sectores da nossa vida, embora o seu nome não seja conhecido por uma grande maioria.

1.2.2 Charles Fourier e a sua visão da sociedade ideal

Frangois-Marie-Charles Fourier foi um filósofo francês associado ao socialismo utópico. Nasceu em 1772 e o seu pai era um comerciante. Frequentou um colégio jesuíta até aos 15 anos. No entanto, parece que trabalhou na loja do pai desde os 6 anos. Durante a sua vida, diminuiu consideravelmente a riqueza herdada dos pais devido a investimentos arriscados, mas também devido às mudanças políticas em França (período napoleónico, Restauração, revoluções). Trabalhou como escriturário e vendedor, sempre insatisfeito com o seu trabalho e dedicou-se o mais possível à escrita e a encontros com vários filantropos (uma hora por dia). Embora as suas ideias fossem muitas vezes extravagantes (previa um futuro em que os leões e as baleias trabalhariam para as pessoas e os "mares perderiam o seu sal e tornar-se-iam oceanos de limonada")[39] , tal como Owen, teve seguidores, doadores e discípulos, inspirando a criação de certas comunidades na Europa (Conde sur Vesgre, França, 18331836) e em solo americano (40 falanges

39 http://www.newworldencyclopedia.org/entry/Charles_Fourier

entre as quais Utopia-Ohio; La Reunion- Texas; The North American Phalanx-New Jersey, etc).

Le nouveau monde industriel é uma das muitas obras em que expõe a sua própria teoria social, numa forte polémica com outros pensadores da época, entre os quais Robert Owen e François Guizot, historiador e político que, a partir do seu cargo de ministro, reformou o sistema educativo da época. Além disso, Fourier está em polémica com todos aqueles que querem manter ou melhorar a ordem social e económica da sua época, considerando a civilização uma perversão da natureza e a indústria uma fonte de males. Considera que Rober Owen é um "sofista corajoso", que tenta criar uma nova seita impondo a sua visão errada e acusou-o de "engano evidente".[40] Fourrier pretende criar pequenos grupos experimentais cujo modelo deverá ser alargado a toda a sociedade. Mas opõe à moral austera uma sociedade apaixonada, em que cada um realiza trabalhos de que gosta. Defende "a transformação da indústria em prazer. Tornemo-la mais atraente do que os jogos de cartas ou o bowling". Este modelo seria mais facilmente aplicado à agricultura, que é, na sua visão, "um modo de vida muito diferente da civilização aborrecida, cujos modelos industriais são desprezados pela natureza".[41]

Aceita as desigualdades sociais, mas pensa que o trabalho e a harmonia alcançados nas suas comunidades aumentarão a produção de bens e diminuirão os custos (não serão necessárias polícias ou vedações para proteger a propriedade, as pessoas residirão em comum, etc.). Assim, todos os membros teriam tudo o que precisam e um excedente considerável que poderiam capitalizar, acumulando capital para si próprios. O equilíbrio desta sociedade e o amor entre os pares resultariam da interação entre as três categorias de "paixões naturais": os prazeres biológicos (sentidos), as paixões colectivas (amizade,

---

40 Fourier Charles, 1830, *Le nouveau monde industriel ou invention du procede d'industrie atray- ante etcombinee distribuie en series pasionnees*, Imprimerie de Lachevardiere, Paris, pg 18, disponível em http://babel.hathitrust.org/cgi/pt? id=hvd.hnspbp;view=1up;seq=5
41 idem

amor, maternidade, ambição) e as paixões distributivas (desejo de planear, de mudar e de unir). A verdadeira sociedade industrial (produtora de bens) tem 4 fontes de felicidade: o bem-estar interior do corpo (saúde); o bem-estar exterior do corpo (vestuário, casa, possibilidade de viajar), uma vida feliz na família, o acesso de todas as classes às alegrias da participação na vida social. Esta felicidade pode ser alcançada através daquilo a que o autor chama "menage combine" ou "societaire" - a vida em comum. Para facilitar esta organização social especial, ele inventa a falange. Cada falange deve ter um falanstério, ou seja, um edifício de 2 a 4 andares onde vivem todos os membros da comunidade e cada nível corresponde a uma classe social. As classes são delimitadas de acordo com a riqueza. A cantina, a cozinha, a escola, os hangares, os estábulos são bens comuns. No interior de uma falange, o trabalho é repartido entre os habitantes em função das capacidades e dos prazeres de cada um. "As séries passionais são uma corporação formada por grupos reunidos pelo prazer de realizar uma determinada tarefa, como o cultivo de flores ou de frutos. Este grupo trabalharia por paixão, sem qualquer incentivo relacionado com a necessidade, o dever, a moral, a razão ou a coerção."[42] Uma série incluiria 7-9 pessoas.

Também para Fourier a educação é fundamental, deve começar em idades precoces, seguindo regras naturais, deve ser agradável e incitar as crianças a fazer coisas úteis desde a primeira infância. A partir dos 3 anos, as crianças trabalhariam com paixão, aos 4 anos ganhariam o seu sustento e aos 5 conseguiriam ganhar mais do que precisam. A escola seria frequentada em idades mais avançadas, porque "a natureza quer que o homem seja primeiro produtor (industrieux) e depois estudioso".[43]

Tal como Mill, Fourier militou pela igualdade dos géneros, chegando alguns autores a atribuir-lhe a paternidade do termo *feminismo*.

As suas ideias chegaram também aos países romenos, onde Teodor Mehtupciu

---

42 Ibidem, p 19
43 Ibidem, pg 31

(também chamado Diamandi ou Diamant), que tinha conhecido Fourier durante os seus estudos no estrangeiro, se tornou seu discípulo. Persuadiu um rico proprietário de terras, Manolache Balaceanu, a fundar uma comunidade deste género na sua propriedade em Boldesti-Scaieni, Prahova. Foi fundada em 1835 com o nome de *Sociedade Agrícola e Fabril* ou *Colónia do Agrónomo Casado*. Inicialmente, contava com 10 pessoas, mas o seu número foi aumentando gradualmente à medida que os jovens pobres dos bairros de lata de Bucareste e os escravos ciganos libertados se juntavam à comunidade.[44] As tentativas do proprietário de se livrar das suas dívidas através de vários truques, utilizando a associação e as regras impostas dentro da comunidade, levaram a queixas dirigidas às autoridades, a julgamentos e a conflitos resolvidos com a dissolução da Falange em dezembro de 1836. Na queixa apresentada ao Tribunal, os habitantes mencionam o facto de que "em vez de economia social, aprendiam que um quarto de pão devia ser poupado um dia ou dois; em vez de matemática, contavam as oito horas de trabalho para ganhar a vida; em vez de fábrica, limpavam os bosques de cardos, cepos e outras coisas incómodas; em vez da agricultura, cavar poços, valas, fossos; em vez do século de ouro, o século das trevas, em vez do céu terrestre, pior do que os pecadores do inferno (que felizmente estão mortos, enquanto eles estão vivos); em vez dos prazeres do mundo, a maldade da humanidade."[45]

Outras colónias estabelecidas em todo o mundo, seguindo o modelo de Fourier, tiveram o mesmo destino, sendo dissolvidas.

---

44 Mihaila Vlad, Falangterul din Scaieni, un experiment social uitat (O Falangster de *Scaieni - uma experiência social esquecida)* disponível em http://www.historia.ro/exclusiv_web/general/articol/falansterul-sc-ieni-un-experiment-social-uitat

45 http://politici.weebly.com/economie/falansterul-de-la-scaieni-teodor-diamant e Patratescu Paul, 2012, *Falanster, o curiozitate a trecutului disponibil* (Phalanstery, uma curiosidade do passado) disponível em http://geografilia.blogspot.ro/2012/12/falanster-o-curiozitate-trecutului.html#sthash.0dvXIK5I.dpuf

1.2.3 O legado de Ion Ionescu de la Brad

No seu discurso de 1942, proferido por ocasião da comemoração dos 50th anos da morte de Ion Ionescu de la Brad, G. Ionescu Sisesti afirmou que: th"vamos conhecer a vida agitada de um homem que contribuiu, juntamente com outros homens com vidas agitadas e surpreendentes semelhantes, para erguer da humildade e do ajoelhamento o Estado romeno no século XIX".[46]

Nascido em 1818, no seio de uma família de padres da pequena cidade romena de Roman, sob o nome de Isacescu, assistiu a todos os acontecimentos históricos que resultaram na formação do moderno Estado romeno. Fez parte das primeiras gerações educadas na primeira Universidade da Moldávia (Academia Mihaileana) e prosseguiu os seus estudos em França, sob a orientação de Mathieu de Bombasle, fundador da quinta didática de Roville, cujo modelo viria a aplicar em Brad. Foi um prioneer romeno em vários domínios, tais como: ciências agrícolas, economia, sociologia. Foi o primeiro diretor da criação do Centro de Estatística da Moldávia, tendo contribuído para o primeiro recenseamento romeno. Dirigiu duas revistas agrícolas, foi professor, escritor e político.

Durante toda a sua vida tentou melhorar a vida dos camponeses, concedendo-lhes uma propriedade agrícola, sendo também vice-presidente da Comissão Agrícola durante a Revolução de 1848 e um dos autores do projeto de Reforma Agrária durante o reinado de Al. I. Cuza. A sua visão sempre foi orientada para a eficiência económica e para visões políticas moderadas, considerando que tanto as grandes explorações agrícolas como as pequenas explorações camponesas são necessárias para uma economia nacional sustentável e uma política social justa.

"As grandes explorações agrícolas, segundo o modelo inglês, é o que queremos ter no nosso país, levadas a cabo pelos nossos proprietários de terras com a

46 Ionescu Sisesti Gheorghe, *Viata si opera lui Ion Ionescu de la Brad* (Vida e obra de Ion Ionescu dela Brad), 1942, Ed Ziarului Universul, Bucuresti, p 3

ajuda dos seus capitais e das mãos nuas dos camponeses. Pequenas explorações, segundo o modelo francês, belga e dos países de Rhin, é o que queremos para os nossos camponeses agricultores, emancipados e apropriados, com indemnização, nos hectares que a lei efectiva lhes dá"[47]

Defende igualmente a existência de dois tipos de culturas: a experimental, para a investigação, e a racional, para o lucro.

Para além da sua contribuição para o desenvolvimento rural e os estudos agronómicos, é-lhe conferida a qualidade de membro e o cargo de presidente da Cooperativa dos Impressores de Bucareste (1862-1865), apesar de os estatutos preverem que só os que pertencessem a este ramo profissional podiam ser incluídos nesta organização. O objetivo da cooperativa de tipógrafos era "ajudar-se mutuamente e apoiar os mais velhos e desamparados"[48] . Utilizando os fundos subscritos e com a ajuda obtida do Ministério dos Assuntos Religiosos e da Educação Pública, Ion Ionescu de la Brad consegue comprar o terreno necessário para construir um lar de idosos. Tenta também obter um pedaço de terra para um pomar nas terras monásticas, o que poderia proporcionar um rendimento adicional à associação. Depois de muitas tentativas, consegue 10 acres, gratuitamente, e 10.000 lei. Infelizmente, o lar de idosos não foi construído e a nomeação de Ionescu de la Brad como inspetor agrícola não lhe permitiu continuar o seu trabalho na associação.

Quando o cargo de inspetor-geral da agricultura foi extinto, comprou em leilão a quinta de Brad, o local onde tinha passado a sua infância, com uma superfície de 140 hectares. Criou duas quintas-modelo: uma pequena, do tamanho de uma exploração camponesa, e uma grande, para inspirar os grandes proprietários. Durante toda a sua vida, prestou serviços de consultoria a ambas as formas de explorações agrícolas. Perto das suas quintas, abriu também uma escola que

47 Ibidem, p20

48 Saizu I, Sandru D, 1971, *Documentare despre activitatea lui Ion Ionescu de la Brad la Aso- ciatla lucratorilor tipografi din Bucuresti* (Investigação sobre a atividade de Ion Ionescu de la Brad na Associação dos Trabalhadores Gráficos de Bucareste) (1862-1865), Ed. "Academiei Republicii Socialiste Romania", Bucareste, p213

recebia alunos ricos, mas também crianças da classe média e órfãos. Embora também tivesse objectivos sociais, a empresa Brad foi sempre concebida para ser economicamente sustentável, como explica o seu Ato Constitutivo: "os abaixo assinados, acreditando que qualquer ramo de indústria só se enraíza num país quando as suas vantagens prevalecem sobre os custos, e que qualquer novo melhoramento a introduzir na agricultura do país só será realmente útil quando criar novas fontes de enriquecimento ou melhorar as antigas, tomaram estes dois princípios como lema da empresa" e decidiram dividir os lucros "em duas partes fraternas".[49] No entanto, o rendimento obtido com as propinas será utilizado apenas para desenvolver a escola, de acordo com o modelo da Escola de Roville. Exerceu o cargo de deputado dos camponeses (1876-1883) e militou pela criação de cooperativas rurais, de crédito ou de produção, colocando o homem no meio das suas preocupações teóricas e práticas. "Numa palavra, podemos dizer que todos os melhoramentos da nossa agricultura devem começar pelo melhoramento do próprio agricultor... Cultivando e enriquecendo primeiro o homem, poderemos cultivar e enriquecer tudo no nosso país".[50] A este respeito, apoia as facilidades de crédito dos camponeses que lhes permitem pagar e conservar os lotes adquiridos na sequência da Reforma Rural e comprar instrumentos agrícolas modernos. Assim, só os créditos tarifários permitiriam a acumulação de capital aos camponeses e garantir-lhes-iam a verdadeira liberdade e dignidade, mantendo em propriedade as terras adquiridas e tornando a produção rentável. Procurou o apoio do Estado para os instrumentos de crédito rural e, quando não o encontrou, encorajou os camponeses a ajudarem-se a si próprios através de cooperativas de crédito. Peguei naqueles que sofrem mais com a usura, naqueles que precisam mais de dinheiro, e inspirando-nos no ditado romeno que diz que a união de pequenas coisas se transforma em grandes realizações, propus o modelo de crédito que é do melhor interesse dos mutuantes e dos mutuários."[51] que

49 Ionescu de la Brad Ion, *Opere agricole* (Trabalhos agrícolas), vol I, 1968, Editura Academiei Republicii Socialiste Romania, Bucuresti, p 45

50 Ibidem, p 31

51 Ibidem, pg 178, uma citação de *Opere* (Obras), vol II, p 237

consiste na criação de uma cooperativa de crédito rural segundo o modelo alemão, mas aceitando a ajuda e o aval do Estado e dos potenciais filantropos. O capital inicial não seria constituído por subscrições, uma vez que os camponeses não dispunham de dinheiro, mas por uma ajuda do Estado que garantiria com os seus domínios. Uma parte dos juros pagos pelos camponeses constituirá uma reserva que contribuirá para a acumulação de capital da cooperativa.

Ion Ionescu de la Brad é o teórico e praticante de muitas ideias de economia social surgidas na Europa Ocidental que adaptou à sociedade romena do seu tempo, procurando constantemente soluções realistas e sustentáveis para os grupos vulneráveis. Como pensador pragmático e relista, considera que "todos os trabalhos dos socialistas não conseguiram resolver os problemas que foram considerados. Os sistemas de Charles Fourier, Owen, Saint Simon, Louis Blanc atingem a própria natureza do homem.
Incapazes de o moldar de acordo com uma forma universal, permanecem coisas exageradas".[52]

1.3 O movimento cooperativo na Europa (18 -19thth século)

O século XIX é também a época em que as cooperativas, as associações e as mutualidades se desenvolvem entre as classes baixas ou médias. Tanto as teorias sobre uma Economia Social moral e económica como a tentativa da classe operária de formar organizações associativas para melhorar a sua vida têm as suas raízes na realidade trágica da época em que as classes populares eram cada vez mais numerosas e visíveis. Mas, na minha opinião, as teorias da Economia Social e o movimento associativo são dois fenómenos diferentes, que se encontram em pontos diferentes, que se inspiram um no outro, mas que nunca se sobrepõem totalmente.

Em primeiro lugar, o facto de todos os autores supracitados falarem de

52 Gireada Veta, Idei cooperatiste in opera lui Ion Ionescu de la Brad (*Ideias cooperativas na obra de Ion Ionescu de la Brad*) in In memoriam Ion Ionescu de la Brad 1818-1891, 1971, Ed. Academiei Republicii Socialiste Romania, Bucareste, p. 171.

cooperativas, descrevê-las e avaliá-las, significa que elas já existiam na época, precedendo a literatura acima apresentada.

Em segundo lugar, o facto de alguns autores concordarem com elas e as encorajarem, enquanto outros as consideram medidas inúteis ou incompletas, é mais um indício de que o movimento cooperativo é um movimento paralelo ao desenvolvimento do conceito de Economia Social e não deve ser confundido com ele. Além disso, parece-me que as experiências sociais Owenistas ou Fourieristas, que também fazem parte dos conceitos de Economia Social, não teriam tido lugar se as Empresas Sociais da época, como as cooperativas e as associações, pudessem esgotar o assunto em questão.

É certo que as teorias da Economia Social e as novas Empresas Sociais se entrelaçam. As novas tendências filosóficas popularizaram-se rapidamente devido ao aumento do número de pessoas que sabiam ler e ao aparecimento dos jornais, mas não esqueçamos que Mill, Dunoyer, Le Play pertenciam a uma elite social, com educação superior e um nível de vida confortável, sendo também membros de estruturas governamentais. Como filósofos, economistas e funcionários, a sua preocupação era gerar modelos ideológicos que pudessem ser transformados em políticas económicas com aplicabilidade e impacto a longo prazo e na sociedade como um todo. A sua visão é global, macroeconómica, as suas soluções são gerais. Por outro lado, a classe trabalhadora procura soluções práticas de que necessita aqui e agora e percebe a realidade social e económica da sua classe a um nível diferente, microeconómico. Ajudada e inspirada pelas teorias dos economistas, sociólogos e filósofos da época que protegem os seus direitos civis, a classe média e baixa forja o seu próprio caminho em busca de uma vida melhor.

1.3.1 Sociedade dos Pioneiros da Equidade de Rochdale

A iniciativa dos "honestos pioneiros" de Rochdale (1844) é ultrapassada por muitas associações semelhantes em Inglaterra, como a Fenwick Weavers'

Society (1769) ou a Lennoxtown Friendly Victualling Society (1812). O modelo está também presente noutros países, tendo a Cooperativa de Ampelakia sido criada na Grécia, em 1750. Em 1832, 12 anos antes da fundação dos Pioneiros de Rochdale, o Congresso das Cooperativas realizado em Londres estava já na sua terceira edição. Muitas organizações deste tipo tinham sido criadas no início do século, mas já tinham fechado antes de 1850, culpando a falta de recursos financeiros, a concorrência feroz no mercado ou as dificuldades internas em tomar decisões em conjunto. A Rochdale Society of Equitable Pioneers permanece na história das cooperativas como um exemplo bem sucedido de associação geradora de princípios eficazes, útil para todas as cooperativas do mundo.

Uma história detalhada da sociedade que contribuiu para a sua notoriedade na época foi-nos oferecida por Jacob Holyake e a sua obra *Self Helped by People- The Hystory of the Rochdale Pioneers,* também citada por J. S. Mill nos seus *Principles of Political Economy*. Holyake recorda a crença generalizada na altura de que a classe trabalhadora "não é considerada muito rica na qualidade da auto-confiança ou da confiança mútua. O hábito de fazer negócios não é considerado o seu forte. A arte de criar uma grande empresa e de governar todas as suas complicações não lhes pertence normalmente."[53] No entanto, um grupo de sindicalistas de Rochdale, despedidos na sua tentativa de obter salários mais elevados da entidade patronal, "conseguiu estabelecer-se por conta própria, teve sorte, tornou-se independente e atribui toda a sua sorte ao dia que lhes custou a perda do emprego."[54] Começando com uma subscrição de capital de 2 pence por semana. A sua sociedade foi registada em outubro de 1844, seguindo o modelo de outra associação de Manchester chamada The Rational and Burial Society. O seu objetivo declarado era "melhorar a condição social e doméstica dos seus

---

53 Holyoake Jacob, *SelfHelped by People, TheHystoryofthe Rochdale Pioneers*, 1907, Swan Sonnenchein& Co, Londres, p 6, disponível em http://www.rochdalepioneersmuseum.coop/wp-con- tent/uploads/2012/03/self-helpPartOne.pdf
54 Ibidem, pg 10

membros", abrindo lojas sociais, construindo casas e estabelecendo manufacturas. "Logo que possível, esta Sociedade deverá proceder à organização dos poderes de produção, distribuição, educação e governo; ou, por outras palavras, estabelecer uma colónia doméstica autossuficiente de interesses unidos, ou ajudar outras sociedades a estabelecer tais colónias."[55]

Inicialmente, a loja estava aberta apenas 2 noites por semana e vendia 4 artigos: manteiga, açúcar, flores e farinha de aveia.[56] Embora a cooperativa de consumo pretendesse fornecer bens aos membros a um preço acessível, a atividade económica da sociedade sempre visou o lucro. Ao contrário de outras lojas no mercado que baixavam o preço de venda abaixo do preço de compra para eliminar a concorrência, os Pioneiros vendiam sempre com lucro. Os descontos potenciais não provinham da eliminação da margem de lucro, mas sim da prática de uma margem de lucro moderada e da eliminação dos intermediários. O lucro era distribuído por todos os compradores, trabalhadores e membros da cooperativa e os investimentos eram feitos para benefício de todos. A sociedade baseia-se no voluntariado, mas também no trabalho remunerado. Além disso, paga juros por cada montante subscrito. A divisão dos lucros é feita trimestralmente entre os membros, proporcionalmente ao montante das respectivas compras durante o trimestre, a partir do produto líquido de todas as vendas a retalho, depois de pagar: despesas de gestão, juros sobre empréstimos, juros sobre o capital subscrito, redução do valor das existências fixas, aumento de capital para extensão da atividade, 2,5% aplicados a fins educativos.[57]

A sociedade tinha princípios claros de previsão e de redução dos riscos, como o controlo rigoroso das despesas, a recusa de venda por dívida (muito praticada na época) e a constituição de um fundo para fazer face à depreciação das existências. O seu lema era "comércio honesto", de acordo com o raciocínio comercial que

55 Ibidem, pg 39
56 http://www.rochdalepioneersmuseum.coop/about-us/about-toad-lane/
57 Ibidem, pg 49

se segue:

"Para sermos seguros, temos de vender com lucro. " "Para sermos honestos, devemos vender com lucro. " "Se vendermos açúcar sem lucro, temos de tirar partido, de forma dissimulada, da venda de outros artigos para cobrir essa perda." "Não agiremos de forma dissimulada; não comercializaremos sem lucro, independentemente do que os outros façam; não professaremos vender mais barato do que os outros; professaremos vender honestamente. "[58]

A confiança entre os membros foi construída através de reuniões regulares onde cada um, incluindo as mulheres, tinha o direito de falar e votar, cada pessoa com um voto, independentemente do montante do capital subscrito e também permitindo a quem o quisesse levantar o seu dinheiro e os juros correspondentes (mais elevados do que os juros bancários da época) imediatamente.

A cooperativa tornou-se muito popular ao ajudar organizações semelhantes com contribuições de capital e serviços de consultoria gratuitos, sendo transparente para quem a quisesse visitar, analisar ou imitar. O autor refere que até: "Membros do Parlamento, economistas políticos e alguns publicistas ilustres fizeram viagens de vários anos à loja de Rochdale"[59]

De uma loja com apenas 4 géneros alimentícios, os Pioneiros de Rochdale passaram a ter um moinho de milho, armazéns, várias lojas, uma biblioteca, uma escola que, segundo o autor, funcionou durante 5 anos com um imposto de 2 pence por mês, um almanaque. Em 1855, a atividade estava organizada em 5 departamentos - mercearia, têxteis, talho, fumeiro, alfaiataria, sapataria, comércio por grosso. Esteve em atividade até 1991, altura em que os seus activos foram transferidos para a United Co-operatives, por sua vez transferida para o The Co-operative Group em 2007.[60]

---

58 Ibidem, pg 30
59 Ibidem, pg 52
60 https://en.wikipedia.org/wiki/Rochdale_Society_of_Equitable_Pioneers

O emblemático edifício da Rua Toad Lane, 31, que os Pioneiros alugaram para abrir a sua primeira loja, foi adquirido em 1920 por outras cooperativas que o transformaram em museu 11 anos mais tarde. O museu ainda está aberto.

1.3.2 O comércio honesto e social - Lyon (Le Commerce verídico e social)

Um dos discípulos de Fourier, Michel Marrie Derrion, abriu uma mercearia social em Lyon, cerca de 10 anos antes dos Pioneiros de Rochdale, militando contra "o comércio capitalista que conduz à falsificação dos produtos, ao monopólio e aos preços impostos".[61] No início (1835) recorre a assinaturas individuais mas, como o processo de adesão era demasiado lento, arrisca a sua riqueza financiando a organização. A fidelização dos clientes e o incentivo às adesões são feitos através da partilha dos lucros: "um quarto do lucro reverte para os clientes sob a forma de descontos, proporcionalmente ao valor das compras de cada um, metade será dividido em partes iguais pelos participantes no capital e pelos operários e o último quarto constituirá o fundo social".[62] A gestão da cooperativa pertence a um conselho escolhido por Derrion, com ele como diretor e um órgão de controlo (comité de fiscalização). A sociedade consegue pagar um juro ao investimento de 3 e 1/3. Em 1836, o lucro aumenta e são abertas 7 novas lojas.

No entanto, é de notar que a lei Le Chapelier, em vigor em França desde 1791, proibia as associações de trabalhadores. Esta lei só foi revogada em 1864 - parcialmente, e totalmente em 1884.[63] Por conseguinte, a organização está sob a supervisão cuidadosa da polícia, que suspeita de actividades revolucionárias. Perante a crise económica de 1837, a sociedade fecha após apenas 3 anos de

61 Abherve Michel, 2015, *En 1835 une epicene sociale et cooperative a Lyon* disponível em http://alternatives-economiques.fr/blogs/abherve/2015/09/06/en-1835-une-epicer-ie-sociale-et-cooperative-a-lyon/

62 Bayon Denis, Michel-Marie Derrion, pionnier cooperatif, disponível em http://www.revue-econom- ie-et-humanisme.eu/bdf/docs/r54_derrionpionniercoop ratif.pdf

63http://www.alternatives-economiques.fr/le-chapelier--ou-pour- quoi-la-france-n-aime-pas-les syndicats_fr_art_940_49954.html

atividade. O seu fundador exila-se no Brasil, onde continua a promover as suas ideias sociais e económicas.

Outros exemplos franceses que conseguiram sobreviver mais tempo e ter sucesso económico são apresentados por Henri Feguray, membro do Governo Revolucionário de 1848. Ele conta 100 cooperativas em Paris na sua época, mas oferece sobretudo o exemplo bem sucedido de um grupo de trabalhadores que criou uma unidade de fabrico de pianos. Tendo em conta a necessidade de um capital considerável, solicitaram à Assembleia Constituinte um grande subsídio que não lhes foi atribuído. A maioria desistiu, com exceção de 14 pessoas que decidiram aventurar-se sozinhas no negócio. Juntaram os seus próprios materiais e ferramentas, contribuíram com um subsídio de 10 francos cada um e, acima de tudo, estavam dispostos a contribuir com o seu próprio trabalho. Durante dois meses, a cooperativa não pôde pagar qualquer salário. Mas, com o tempo, começou a pagar dividendos semanais aos associados até 20 francos. Em 1850, já não conseguindo dar conta das encomendas, a cooperativa tornou-se uma das mais prósperas de Paris. O autor considera que a associação só conseguiu desenvolver-se devido ao facto de os trabalhadores terem de contar apenas com eles próprios. Se tivessem recebido um subsídio do Estado e não tivessem experimentado em conjunto queixas e sacrifícios, é possível que tivessem falhado, porque o elemento básico do sucesso das cooperativas é o sucesso através das suas próprias forças.[64]

1.3.3 Outros exemplos de cooperativas na Europa

Se a Inglaterra e a França são conhecidas pelas cooperativas de consumo e de produção criadas nas zonas urbanas, a Alemanha distingue-se pelas cooperativas agrícolas e de crédito. Entre os modelos mais difundidos, destacam-se a cooperativa "por conta própria" de Hermann Schulze e as cooperativas de crédito

64 Mill John Stuart, 1909, *Principles of Political Economy with some oftheir Applications to Social Philosophy,* "Longmans, Green and Co.", Londres, par. IV 7.31 disponível em http://www.econlib.Org/library/Mill/mlP62.html#IV.7.31

de Friedrich Wilhelm Raiffeisen.

Impressionado com os efeitos da fome de 1846-47, um autarca prussiano chamado Friedrich Wilhelm Raiffeisen criou uma cooperativa de padeiros e *a organização The Charity para os agricultores pobres*, que dependia dos donativos dos ricos. Rapidamente se apercebe de que a caridade não é uma solução e que para reduzir a pobreza é necessário, em primeiro lugar, reduzir a dependência da classe pobre em relação aos outros. Percebe também que, para sair da pobreza e enfrentar a concorrência dos grandes produtores agrícolas, os pequenos agricultores precisam de crédito. Em 1862, é criada a sua primeira cooperativa de crédito. "A ideia é simples: os membros da cooperativa poupavam em conjunto, juntavam o dinheiro e emprestavam a quem necessitasse, com juros razoáveis. A cooperativa funcionava de acordo com os princípios democráticos. Só os membros recebiam empréstimos, e o dinheiro era utilizado quer na produção, quer na comercialização dos produtos obtidos. Como princípio de prudência, todos os membros da cooperativa davam garantias ao mutuário. O lema da primeira cooperativa era: "Ich fur dich, du fur mich" (Eu por ti, tu por mim).[65]

O modelo estendeu-se à Áustria, mas também à Alsácia, na altura sob administração alemã, e daí para França. Aquando da sua morte (1888), estavam já em funcionamento 425 sociedades de crédito Raiffeisen na Alemanha e 100 na Áustria. O Credit Agricole e o Credit Mutuel em França são também considerados descendentes do modelo Raiffeisen.

A Europa de Leste teve, durante o mesmo período, exemplos notáveis de cooperativas. A Companhia Comum de Ampelakia (Grécia) tem os seus primórdios em 1750 e foi formada entre os produtores de algodão. Em 1770, reunia os produtores de 22 aldeias e contava com 6000 membros, 24 fábricas e 17 sucursais em vários países (Rússia, Grã-Bretanha, etc.). Oferecia aos seus

---

65 http://raiffeisencomunitati.ro/despre/ e http://ica.coop/en/history-co-op-movement/friedrich- wilhelm-raiffeisen

membros seguros sociais e de saúde, educação gratuita, incluindo a nível universitário. Em 1812, a empresa não conseguiu fazer face aos impostos e aos custos de atualização e fechou.[66]

Os países romenos estavam ligados aos fluxos ideológicos ocidentais. thTambém aqui, todas as formas de cooperativas (de consumo, de crédito, artesanais e agrícolas) eram conhecidas e praticadas antes do final do século XIX. A primeira cooperativa é uma cooperativa de crédito, fundada em 1851 em Braila e denominada Sociedade de Economia "Infratirea",

Crédito e Ajuda. Seguiram-se as primeiras Mútuas: a Casa de Socorro e Prudência dos Trabalhadores Gráficos que já apresentámos no capítulo dedicado a Ion Ionescu de la Brad e a primeira cooperativa de artesãos denominada "A Sociedade dos Artesãos de Calçado" (Bucareste, 1879).[67]

Dimitrie Butculescu, nomeado pelo Rei Carol I como "o romeno mais popular" e "o apóstolo do **patriotismo**"[68] representa as sociedades cooperativas da Roménia como membros fundadores da Aliança Internacional das Cooperativas (1895), "a segunda organização internacional não governamental do mundo, a seguir à Cruz Vermelha Internacional".[69] Butculescu apoiou as comunidades das aldeias, publicou um jornal dedicado ("Cooperatorul roman" - O Cooperador Romeno) e compôs mesmo uma canção intitulada *A Marcha dos Cooperadores*. Organizou exposições de cooperadores em Bucareste (1883), Iasi (1884), Craiova (1887) e Bucareste (1894, 1895).[70]

Entre os adeptos das formas associativas na Roménia da época encontravam-se

---

66 Monzon Campos Jose Luis, Chaves Rafael, 2012, The *Social economy in the EU*, p 6 disponível em http://www.eesc.europa.eu/resources/docs/qe-30-12-790-en-c.pdf

67 http://www. uscomtm.ro/faq/9/Informatii/i-9.html#2

68 http://www.federatia-filatelica.ro/pagini/butculescu.htm

69 Bacescu Marius, *Cooperatfa rurala - o §ansa pentru revigorarea satului romanesc* (A cooperativa rural - uma oportunidade para o renascimento da aldeia romena, Romanian Statistics Review n.º 6 / 2010 disponível em http://www.revistadestatistica.ro/Articole/2010/A4ro_6_2010.pdf

70 http://www.federatia-filatelica.ro/pagini/butculescu.htm

Spiru Haret, Gromoslav Mladenatz, Ion Raducan, A.G.Galan, P.S. Aurelian, etc.

1.4 . Definições de economia social no século XX

O estudo do CIRIEC que referimos nos capítulos anteriores considera que o "termo 'economia social' tinha caído em desuso, mesmo entre as 'famílias' deste sector de atividade económica" após a Segunda Guerra Mundial e até 1977, altura em que várias formas de Estado-Providência tentaram aplicar as ideias de reforma social lançadas por diversas ideologias, liberais ou socialistas.[71] Os temas da Economia Social voltaram à agenda pública sobretudo devido às repetidas crises económicas que aumentaram a dimensão dos grupos sociais vulneráveis. Promoveu-se a participação da comunidade na resolução dos seus próprios problemas e exigiu-se aos governos a criação de um quadro legislativo, fiscal e económico adequado.

A partir de 1970, o Comité Económico e Social Europeu incentivou os debates relacionados com as cooperativas, organizações e empresas mútuas, organizando conferências multinacionais ao nível da Comunidade Europeia. Em 1980, o Conselho das Empresas, dos Empregadores e dos Grupos de Economia Social (CEGES - Conseil des Entreprises, Employeurs, et Groupement de l'Economie Sociale) publicou a Carta da Economia Social. No entanto, o documento não apresenta uma definição de economia social, referindo-se antes às empresas de economia social, e todos os seus 7 artigos estipulam os seus princípios gerais de funcionamento. Esta sobreposição entre a Economia Social e as Empresas Sociais irá prevalecer nas abordagens actuais.

[th]Embora se diga frequentemente que a Economia Social tem as suas raízes nos escritos dos economistas do século XIX, o sentido mais lato que deram ao termo será ignorado.

---

71 Monzon Campos Jose Luis, Chaves Rafael, 2012, *The Social Economy in the European Union*, a report ofthe European Economic and Social Committee, p19, disponível em http://www.eesc.europa.eu/resources/docs/qe-30-12-790-en-c.pdf

O que poderia a Economia Social ter de distintivo hoje em relação a outros domínios teóricos e práticos para além da existência das mutualidades, das cooperativas e de outras organizações similares?

Uma resposta vem do espaço anglo-saxónico, onde a literatura de campo menciona o termo *Terceiro Setor.*

1.4.1 John Pearce e o diagrama dos três sectores da economia

Um dos investigadores independentes que contribuiu de forma considerável tanto para a prática como para a teoria no domínio da economia social moderna foi **John Pearce**. Nascido em 1942, na Escócia, licenciou-se no St. Catherine College, em Cambridge, onde estudou a civilização medieval da Alemanha e da França. Mais tarde, foi-lhe atribuído um diploma em Administração Social pela London School of Economics. Foi professor voluntário na Nigéria, ajudou a construir um campo de refugiados tibetanos no Nepal e, de regresso à sua terra natal, dedicou-se a projectos sociais tanto nas zonas rurais como urbanas da Escócia. "Interessou-se, em particular, pelo desenvolvimento de novas formas de cooperativas empresariais, nomeadamente cooperativas comunitárias nos bairros, orientadas pelo seguinte lema: "Propriedade comum - Controlo comunitário - Benefício comunitário".

thNo século XIX, a industrialização tinha aumentado o número de desempregados devido à substituição do trabalho manual pelo trabalho mecânico. Nos anos 80, uma nova crise determinada pelo declínio de certas indústrias conduziu a uma crise semelhante, ao desemprego e à exclusão social. Como resposta, a União Europeia lançou um programa comunitário de luta contra a pobreza chamado Povertyl. Pearce participou no Local Enterprise Advisory Project /LEAP-Glasgow. O programa tinha como objetivo "a conversão de edifícios vazios e zonas industriais em centros de desenvolvimento local, investindo nas competências e conhecimentos inexplorados dos desempregados", "financiando o trabalho em vez do desemprego", incentivando as comunidades vulneráveis a desempenharem o papel principal na sua salvação.[72]

A Pearce desenvolveu um sistema de informação contabilística e financeira dedicado às empresas sociais, lançando critérios de auditoria para estas empresas específicas, permitindo medir a sua contribuição para o desenvolvimento da sociedade.[73]

Infelizmente, Pearce faleceu aos 69 anos de idade (2011), vítima de cancro. A sua contribuição para o campo do Terceiro Setor é notável e pode ser testemunhada também graças aos seus livros: *Running Your Own Co-Operative,* (1984), *At The Heart of the Community Economy (*1993) e *Social Economy in Anytown (*2003). O diagrama dos três sectores da economia que ele propõe no seu livro de 2003 foi reproduzido e analisado em muitas obras especializadas, do Canadá a Singapura.

Pearce considera que a economia de um Estado é formada pelo Sistema Privado, também chamado de Primeiro Setor, que visa o lucro, pelo Sistema Público, também chamado de Segundo Setor, que tem um papel regulador, e pelo Terceiro Setor, uma área de autoajuda e ajuda mútua com fins sociais. Entre a economia privada e a pública forma-se também uma economia subterrânea (negra), e dentro do Terceiro Setor existe ainda uma Economia Cinzenta, no limite entre a economia familiar (informal) e a economia praticada por organizações legalmente estabelecidas. Enquanto o Primeiro Setor está orientado para a produção de bens e serviços, obedecendo às regras do mercado, e o Segundo Setor inclui uma economia planificada, sem comercializar os seus produtos no mercado, o Terceiro Setor (a Economia Social) bebe de ambas as caraterísticas.

O sector privado inclui empresas multinacionais, grandes, pequenas e médias empresas de capital privado, mas também algumas cooperativas, na fronteira

---

72 http://www.senscot.net/view_art.php?viewid=12331

73 http://www.socialauditnetwork.org.uk/john-pearce/

entre o sector privado e o da economia social. O sector público é constituído pelas colectividades locais, regionais e nacionais e pelas organizações internacionais. A economia social é composta por três subcategorias: empresas sociais, organizações de voluntariado e economia familiar. Estas podem ser divididas em duas categorias: A Economia Comunitária que inclui geralmente as empresas comunitárias e sociais, quer sejam cooperativas, associações mutualistas, empresas que comercializam bens e serviços no mercado mas que estão organizadas segundo princípios cooperativos e a Economia de Autoajuda que inclui geralmente a economia familiar, quer se baseie no trabalho próprio do agregado familiar, quer no rendimento obtido por cada família dos que trabalham no exterior.

As empresas sociais pertencem exclusivamente à economia comunitária. A economia familiar pertence totalmente à economia de autoajuda. Apenas as organizações voluntárias, incluindo clubes, empréstimos privados, banco de horas e organizações de caridade pertencem tanto à Economia Comunitária como à Economia de Auto-Ajuda.

Segundo Pearce, para além das Empresas Sociais, a Economia Familiar, mesmo que informal (não assumindo uma forma jurídica estruturada), também pertence à Economia Social. Esta visão é semelhante à forma como os economistas do século XIX viam a Economia Social como a economia praticada por grupos sociais, independentemente da sua forma jurídica. [th]Esta economia informal familiar é o ponto de partida de todos os escritos e experiências de economia social do século XIX. Todas as ideias de reforma propostas na altura tiveram de se refletir a este nível. As empresas sociais nascem da economia informal familiar, são formas avaliadas da mesma, mas não a esgotam. Infelizmente, este lado é frequentemente negligenciado na definição do conceito atualmente.

1.4.2 A economia social no mundo: a visão dos investigadores e das organizações não governamentais

Enquanto o espaço europeu foi o berço das ideologias sobre a Economia Social, a América foi muitas vezes a terra das novas experiências sociais. Atualmente, o conceito é também popular no Canadá e na América Latina. Nos Estados Unidos, é também conhecido sob o nome de Economia Solidária, sem ser uma prioridade na agenda política ou social. O individualismo e o espírito competitivo já são tradicionalmente dominantes neste país. No Canadá, encontramos o termo Economia Comunitária, "com o papel de valorizar as comunidades desenvolvendo oportunidades económicas que melhorem as condições sociais e ambientais".[74] A Rede de Investigação em Economia Social e Sustentabilidade, um grupo de investigadores académicos, membros das comunidades locais e representantes da administração canadiana que desenvolve investigação neste domínio desde 2005, define a economia social como um domínio que "coloca as pessoas em primeiro lugar".

"Tendo as suas raízes nas comunidades locais e sendo independentes do governo, as organizações da Economia Social são democráticas e participativas, partilham vários tipos de recursos dentro de certas entidades de propriedade comum. Se o seu objetivo é o lucro, fazem-no num contexto em que este é considerado para cumprir objectivos sociais e não para o enriquecimento individual. Baseada em voluntários ou em trabalhadores por conta de outrem, a economia social caracteriza-se por iniciativas de entreajuda e iniciativas que vêm apoiar os membros desfavorecidos da sociedade."[75]

Embora ainda difuso, o conceito também pode ser encontrado na Ásia. O Lien

---

74 https://ccednet-rcdec.ca/en/about

75 Brown, 2008, MSVU disponível em http://www.msvu.ca/socialeconomyatlantic/English/what- isE.asp

Centre for Social Innovation, que funciona em parceria com a University of Management de Singapura, publicou em 2014 um estudo do investigador Jared Tham. Este estudo menciona o diagrama de Pearce, mas também práticas e exemplos locais. É o caso de um presidente da câmara de Seul que ganhou as eleições prometendo aos cidadãos poderes de decisão em relação à gestão da cidade. Ao tomar posse, Won-Soon Park lançou o Projeto de Apoio à Economia Social, "cujo objetivo é relançar a economia local através da cooperação e do intercâmbio mutuamente vantajoso".[76] Durante o programa, a administração local gastou o equivalente a 47 milhões de dólares para comprar produtos a empresas sociais certificadas. Outra iniciativa semelhante do mesmo presidente da câmara é o *Sistema de Orçamento Participativo dos Residentes*, um plano orçamental para 2013 que permite aos cidadãos escolherem eles próprios os investimentos da comunidade.[77]

O exemplo das políticas públicas que envolvem a participação da comunidade é também uma boa prática da Economia Social, diferente das Empresas Sociais, como as cooperativas e associações, que utilizam uma democracia direta e participativa semelhante à praticada na Grécia antiga.

A RIPESS (Rede Internacional para a Promoção da Economia Social Solidária) é uma organização internacional não governamental que reúne investigadores e profissionais da economia social dos 5 continentes. Realiza conferências internacionais sobre este tema de 4 em 4 anos. A Conferência de 1997 em Lima terminou com uma declaração em que a Economia Social e Solidária é definida nos seguintes termos:

"A economia solidária é um projeto económico, político e social que conduz a uma nova forma de fazer política, estabelecendo ligações humanas baseadas no

---

76 Tham Jared, 2014, *Defining an Asian Social Economyin* Future of the Social Setor, p 113, https://centres.smu.edu.sg/lien/files/2013/11/So- cialSpace2013-2014_JaredTham.pdf
77 Idem

consenso e nas acções dos cidadãos.

"O seu objetivo é transformar a economia informal popular numa economia formal, reconhecendo o trabalho realizado principalmente por mulheres (no lar) que apoia o funcionamento da economia. Destaca a contribuição do trabalho de crianças, adolescentes e jovens, garantindo o respeito pelos seus direitos."

"A economia solidária é uma atitude ativa na economia.... que implica relações de trabalho e uma transferência de responsabilidade do Estado e do mercado para as pessoas."

"As empresas sociais têm como objetivo "satisfazer as necessidades individuais e comunitárias mais do que maximizar o lucro ou os ganhos financeiros". Baseiam-se num modelo democrático de tomada de decisões, num sistema de gestão participativa, na transparência, na propriedade comum e na responsabilidade solidária."[78]

O EMES é um grupo de investigadores afiliados a centros universitários ou independentes, apoiado por fundos europeus, que funciona desde 1996 com o objetivo de adquirir conhecimentos teóricos e práticos sobre Economia Social. No estudo intitulado *The EMES Approach of Social Enterprise in a Comparative Perspective*, publicado em 2012, os autores explicam que o conceito de empresa social, "que inclui as cooperativas sociais como um modelo entre outros, não compete de todo com o conceito de Economia Social. Pelo contrário, ajuda a identificar as dinâmicas empresariais que estão a funcionar no coração do Terceiro Setor, nos vários contextos socioeconómicos europeus."[79]

78 http://www.ripess.org/wp-content/uploads/2011/07/declaration_lima1997_EN.pdf

79 Defourny Jacquies, Marthe Nyssens, 2012, The EMES approach of social enterprise in a comparative perspective in WP 12/03, p 3, http://www.emes.net/site/wp-content/uploads/EMES-WP-12-03_Defourny-Nyssens.pdf

1.4.3 Economia social definida pela União Europeia

Entre 2006 e 2008, a União Europeia realizou um estudo sobre a economia social, a pedido do Comité Económico e Social Europeu. Em 2011, foi decidida a atualização do relatório, incluindo dados sobre os novos membros, Roménia e Bulgária, e dois candidatos à adesão: Croácia e Islândia. *O Comité Económico e Social Europeu* é um órgão consultivo da União Europeia que emite aprovações sobre a legislação comunitária ou propõe o debate de temas alegadamente interessantes, elaborando estudos e pareceres sobre os mesmos. Considera-se uma "ponte" entre as instituições da UE e a sociedade civil organizada[80] , pelo que o tema da Economia Social foi uma constante nas suas preocupações. A importância do tema é expressa por Luca Jahier, membro do Comité Económico e Social Europeu, por ocasião do lançamento do estudo revisto:

"A economia social é um sector que contribui significativamente para a criação de emprego, para o crescimento sustentável e para uma distribuição mais justa do rendimento e da riqueza. É um sector capaz de combinar rentabilidade com inclusão social e sistemas democráticos de governação, trabalhando em conjunto com os sectores público e privado na adequação dos serviços às necessidades."[81]

1.4.4 O que é a empresa social?

No seu primeiro estudo, a EMES indica nove indicadores que definem uma Empresa Social. Em 2012, ao atualizar o seu estudo, a organização acrescenta o facto de ter sempre considerado estes indicadores como descritivos, e não prescritivos.

"Estes indicadores nunca tiveram por objetivo representar o conjunto de condições que uma organização deve preencher para se qualificar como

---

80 http://www.eesc.europa.eu/?i=portal.ro.home

81 Monzon Campos Jose Luis, Chaves Rafael, 2012, *The Social Economy in the European Union*, pg. 6, RELATÓRIO disponível em http://www.eesc.europa.eu/resources/docs/qe-30-12-790-en-c.pdf

empresa social. Em vez de constituírem critérios prescritivos, descrevem um "tipo ideal" nos termos de Weber, ou seja, uma construção abstrata que permite aos investigadores posicionarem-se na "galáxia" das empresas sociais. "[82]

Os indicadores mencionados visam quatro domínios: económico, empresarial, social e de gestão.

Do ponto de vista económico e empresarial, as empresas sociais produzem continuamente bens ou serviços, sendo que a sua atividade envolve um "risco elevado" e um "nível mínimo de trabalhadores remunerados"[83] Neste ponto, vale a pena salientar que a inclusão social não pode ser feita na ausência de inclusão financeira. O objetivo das cooperativas do século XIX visava certamente o domínio ético e social, mas o trabalho remunerado, ou seja, a obtenção de um rendimento satisfatório para os membros, era a sua principal "razão de ser". [th]No caso de empresários remunerados por dividendos distribuídos semanalmente, trimestralmente ou anualmente, como no caso das cooperativas do século XIX, não se pode falar de voluntariado. A adesão era voluntária e a assunção de riscos também, mas o objetivo da participação dos membros no desenvolvimento da organização era sempre a obtenção de benefícios materiais. Por outro lado, se o objetivo da Economia Social é criar empregos, estes empregos têm de ser remunerados.

[th] ***Do ponto de vista social***, estas organizações distinguem-se pelo facto de terem um "objetivo social explícito", incluindo "o desenvolvimento do sentido de responsabilidade social a nível local", uma estrutura baseada numa iniciativa da sociedade civil e "uma distribuição de lucros limitada"[84] A limitação da distribuição de lucros no século XIX dizia respeito apenas aos fundos utilizados para investimentos e aos fundos sociais. A maior parte dos lucros era ainda

82 Defourny Jacques, Nyssens Marthe, 2012, *The EMES approach ofsocial enterprise in a comparative perspective*, pg 8, disponível em https://orbi.ulg.ac.be/bitstream/2268/180666/1/EMES %20WP%2012_03%20JD%20MN.pdf
83 Ibidem, pg 8

84 Ibidem, pág. 9

distribuída aos membros, sendo esta a sua primeira motivação para aderir. As regras modernas de uma Economia Social que distribuem os lucros aos membros apenas dentro de limites insignificantes (ex. 10%) não resolvem o risco de pobreza para as categorias diretamente envolvidas na atividade da organização por razões semelhantes às apresentadas acima, explicando porque é que o trabalho remunerado deve ser uma regra na Economia Social e não uma exceção.

A terceira dimensão das empresas sociais é a ***gestão participativa***, caracterizada pelo facto de as organizações serem independentes do financiamento governamental ou privado, pelo direito de voto igual para todos os membros, independentemente do capital investido, e pelo envolvimento direto dos membros nas actividades desenvolvidas pelas organizações.[85] O elevado grau de autonomia em relação às fontes privadas exclui destas categorias as fundações e as organizações de caridade financiadas por empresas ou por pessoas. A independência em relação às fontes de rendimento governamentais exclui os subsídios, as ajudas estatais e os fundos não reembolsáveis de que estas organizações beneficiaram nos últimos tempos e que eram contrários ao espírito de exclusividade e de entreajuda.

Em 2011, a Comissão Europeia publica um documento intitulado *A iniciativa para o empreendedorismo social. A construção de um ecossistema para promover as empresas sociais na economia e a inovação social.* Define a empresa social como "um ator da economia social, uma empresa cujo principal objetivo é ter um impacto social e não gerar lucro para os proprietários e parceiros. É um fornecedor de bens e serviços que utiliza os seus excedentes principalmente para fins sociais. "[86] [87] A Comissão classifica na categoria de empresas sociais as organizações *"para as quais o objetivo social de interesse*

---

85 idem

86 *A iniciativa para o empreendedorismo social. A construção de um ecossistema para promover as empresas sociais no âmbito da economia e da inovação social*, p 2, http://eur-lex.europa.eu/LexUriServ/LexUriServ.do? uri=COM:2011:0682:FIN:FR:PDF

87 idem

comum é a razão de ser da empresa, o que se traduz frequentemente num elevado nível de inovação social; cujo lucro é principalmente reinvestido para cumprir o seu objetivo social; cujo modo de organização ou sistema de propriedade reflecte a missão da organização, com base em princípios democráticos e participativos ou visa a justiça social; que fornecem serviços sociais e/ou serviços e bens destinados ao público vulnerável.

CONCLUSÕES

[th]Depois de ter passado em revista os escritos económicos, as experiências sociais e a história de algumas cooperativas consideradas representativas do século XIX, cheguei à conclusão de que o sintagma da Economia Social define hoje um conceito diferente que poderíamos designar por Economia Neo-Social.

O conjunto das empresas sociais e o conceito de economia social inspiraram-se mutuamente, têm pontos comuns, mas nunca foram idênticos. Os economistas do século XIX, entre os quais Mill, Dunoyer, Walras, Le Play, teóricos e práticos como Owen e Fourier, ou são admiradores destas formas especiais de organização, o que prova que já existiam antes do nascimento do conceito de Economia Social, ou criticam-nas, o que prova que nem sempre foram o resultado dos trabalhos e experiências da Economia Social em questão. Para além disso, a maioria dos autores analisados considera-as uma manifestação incompleta de uma reforma social necessária. Procuravam modelos que pudessem ser alargados globalmente. Por conseguinte, as empresas sociais não esgotam o termo Economia Social nem devem ser confundidas com ele.

[th] As empresas sociais, como as sociedades mútuas, as cooperativas e as sociedades de crédito, também reconhecidas como parte do conceito atual, têm origem em organizações semelhantes do século XIX, mas nem sempre seguem as mesmas regras, principalmente no que diz respeito ao lucro como objetivo e à sua distribuição. Estas Empresas Sociais, tal como as descrevemos, declinaram entre 1945 e 1980, enquanto as preocupações dos governos nacionais relativamente à otimização das práticas económicas dos seus cidadãos (a que poderíamos chamar Economia Social) continuaram.

Depois de a utopia ter sido expulsa da esfera ideológica do mundo contemporâneo com o fracasso dos regimes totalitários, a democracia, mesmo imperfeita, foi durante algum tempo aceite unanimemente na Europa como o melhor regime político e social que conhecemos. O capitalismo foi revalorizado positivamente, sobretudo depois de os Estados terem imposto regras inspiradas em todas as doutrinas políticas moderadas, tanto de esquerda como de direita. A ideia de reformar o conjunto da sociedade a partir de um modelo único, imposto por uma autoridade moral, científica ou política, é agora rejeitada em nome da garantia da liberdade individual que prevalece, mesmo com o risco de uma categoria social pobre, como Dunoyer referiu há dois séculos. No entanto, as cooperativas e as organizações mutualistas voltaram à ordem do dia dos governos e das organizações internacionais no contexto das novas crises económicas, políticas e morais da sociedade europeia. thA sociedade civil e as políticas governamentais devem apoiá-las pelas mesmas razões que foram apreciadas no século XIX: encorajar as pessoas a tomarem o seu destino nas suas próprias mãos.

Então, qual é o lugar, a forma e a missão que resta hoje à Economia Social?

thEnquanto no século XIX, a Economia Social estava incluída no sector privado, os debates actuais conferem-lhe o estatuto especial de sector independente, entre o público e o privado.

No entanto, o conceito não obteve uma definição clara e universalmente aceite. Inclui, sem dúvida, cooperativas, associações e organizações mútuas que tentam emprestar-lhes caraterísticas comuns. No entanto, a empresa social é, em si mesma, uma entidade nova, e a prova disso é que, em certas legislações nacionais, incluindo a romena, é necessário um exame adicional para que organizações como as cooperativas, as mútuas e as associações obtenham este estatuto. Assim, a empresa social também pode referir-se a formas mais antigas de associação, mas não as inclui automaticamente, não as inclui todas e não se limita a elas.

thA Economia Social no século XIX é principalmente a economia praticada por grupos sociais com o objetivo de proporcionar aos seus membros um nível de vida satisfatório. A economia social atual limita-se frequentemente a empresas formalmente organizadas, deixando fora da sua esfera de preocupações a economia doméstica. A razão pode ser o respeito pela liberdade individual e pela privacidade, mas também o receio da tributação governamental. Por outras palavras, no caso da economia familiar e informal ser alvo de maior atenção, existe o receio de potenciais novos impostos que sufocariam ainda mais as categorias propensas aos riscos de pobreza e exclusão social. Os estudos estatísticos e os trabalhos sobre a economia informal fornecem-nos dados interessantes sobre a contribuição deste sector para apoiar as categorias desfavorecidas (o dinheiro proveniente da diáspora, a produção das hortas, etc.). O tema merece atenção e, certamente, a Economia Social é o lugar onde a economia doméstica se encaixa melhor como um comportamento económico e social que não se enquadra na economia privada formal nem no sector público.

[th]Todos os exemplos citados do século XIX, teóricos ou práticos, rejeitam a caridade, o dinheiro recebido de outras fontes que não o trabalho daqueles que precisam e beneficiam do dinheiro. No caso de ser recebido dinheiro de outras fontes, trata-se de uma exceção. Estes autores não querem que ninguém ajude com donativos as categorias desfavorecidas, mas que estas se ajudem a si próprias. [th]E aqui surge a maior diferença entre o conceito do século XIX e o que chamamos atualmente de Economia Social: a abordagem diferente do lucro. A Economia Social não se limita certamente a este objetivo, dizem explicitamente todos os que escreveram sobre o assunto, mas há dois séculos, os economistas mencionados pensavam que o bem-estar das classes pobres só pode ser assegurado por uma acumulação de capital. Isto dá-lhes dignidade, ajuda-os a proteger a sua liberdade, transforma-os em empresários e, acima de tudo, ajuda-os a ter uma vida decente para si próprios. A co-motivação dos trabalhadores com a fábrica é feita através da partilha de lucros. As cooperativas de Rochdale e Lyon prometem dividendos aos seus membros. Fourier fala de trabalho realizado por paixão e que conduz à poupança, ao excedente de produção e, finalmente, ao excedente de capital. O dinheiro que reverte a favor dos membros

das formas associativas só pode existir quando a empresa em que estas pessoas participam dá lucro. Por conseguinte, o objetivo principal da empresa social é o LUCRO, como no caso de qualquer empresa capitalista! Não se trata da sua maximização a qualquer preço, não é o único objetivo da empresa, mas é indispensável! A prova de sucesso de um empresário e a principal condição de sustentabilidade é, de facto, a obtenção de lucro! O aumento do rendimento dos membros é sempre o resultado do aumento da rentabilidade da empresa. As definições actuais subestimam este fator, esquecendo que o objetivo social de evitar a pobreza e a exclusão social através da autoajuda não pode ser melhor alcançado na ausência de uma atividade com fins lucrativos. [th]Além disso, considerando que hoje, mais do que no século XIX, abandonámos por algum tempo a tentativa de criar um sistema económico totalmente diferente do capitalista, a inclusão social e financeira só pode ser feita através da adaptação ao sistema capitalista. Abandonar a lógica do lucro é difícil de conceber numa economia sustentável nos dias de hoje, onde as pessoas têm de aprender a ajudar-se a si próprias a longo prazo e onde os recursos financeiros são vitais.

Mas, a Economia Social tinha trazido ao longo do tempo uma atitude diferente em relação às formas de obtenção de lucro e uma visão diferente da sua partilha. O lucro deve ser moral, tanto na forma como é obtido como na forma como é distribuído. A gestão comum, com direitos de decisão iguais, defende as regras morais estabelecidas desde a criação da organização e permite uma distribuição justa dos lucros entre os membros.

O que nos leva a outra grande diferença entre o conceito de Economia Social utilizado no século XIX e aquele que promovemos atualmente. Enquanto as ideologias actuais falam da necessidade de cumprir a lei e de ter objectivos sociais, a Economia Social do século XIX estava fortemente ligada a um conceito mais amplo: a Ética. A Economia Social é, antes de mais, uma forma moral de praticar a economia. Não é apenas legal, não tem apenas um objetivo social, deve ser, em toda a sua manifestação, um comportamento moral. Não basta cumprir a lei. Ter objectivos sociais não é tudo. Ter elevados padrões morais em todas as manifestações económicas é a chave para uma economia social sustentável e deve continuar a ser um fator-chave ainda hoje. Como é que podemos responder a este desafio? A resposta dada pelos pensadores do século XIX é, na minha opinião, igualmente válida atualmente: através da educação. A arma mais eficaz na luta contra a pobreza e também no desenvolvimento de empresas sociais sustentáveis é um sistema educativo adequado, centrado nos valores morais que devem orientar a nossa vida social e também nas competências práticas que ajudam as pessoas a serem mais competitivas e adaptáveis às mudanças do mercado.

REFERÊNCIAS

1. *** *Iniciativa para o empreendedorismo social. Construção de um ecossistema para promover as empresas sociais na economia e a inovação social* disponível em http://eur-lex.europa.eu/LexUriServ/LexUriServ.do?uri=COM:2011:0682:FIN:FR:PDF

2. Auburtin. F, 1891, *Le Play. Economie sociale*, "Guillaumin", Paris

3. Barna Cristina, 2014, *Atlasul economiei sociale, Romania* (Atlas da economia social, Roménia) "Instituto de Economia Social", Bucuresti, disponível em http://www.ies.org.ro/library/files/atlas.pdf

4. Barth-Charles, 1830, *Nouveau traite d'Economie Sociale*, "A Sautelet et Cie. Librairie Editeurs",Paris, vo I, p 2, disponível em https://books.google.fr

5. Bayon Denis, Michel-Marie Derrion, *Pionnier cooperatif,* disponível em http://www.revue-economie-et-humanisme.eu/bdf/docs/r54_derrionpionniercoopratif .pdf

6. Cirillo Renato, 1984, *Leon Walras and Social Justice*, *The American Journal of Economics and Sociology,* Vol. 43, No. 1, pg. 53-60 disponível em https://www.jstor.org/stable/3486394?seq=3#page_scan_tab_contents

7. Defourny Jacquies, Marthe Nyssens, 2012, *The EMES approach of social enterprise in a comparative* perspective in WP 12/03 disponível em http://www.emes.net/site/wp-content/uploads/EMES-WP-12-03_Defourny-Nyssens.pdf

8. Donoyer, Barth-Charles, 1886, *Oeuvres,* "Librairie Guillaume", Paris, Vol I

9. Fourier Charles, 1830, *Le nouveau monde industriel ou invention du procede*

d'industrie atrayante et combinee distribuie en series pasionnees, „Imprimerie de Lachevardiere", Paris, disponível em http://babel.hathitrust.org/cgi/pt?id=hvd.hnspbp;view=1up;seq=5

10. Gireada Veta, *Cooprative ideas in Ion Ionescu de la Brad's work* in *In memoriam Ion Ionescu de la Brad 1818-1891*, 1971, Ed. "Academiei Republicii Socialiste Romania", Bucuresti

11. Holyoake Jacob, 1907, *Self Helped by People, The Hystory of the Rochdale Pioneers,* "Swan Sonnenchein& Co", Londra, disponível em http://www.rochdalepioneersmuseum.coop/wp-content/uploads/2012/03/self-helpPartOne.pdf

12. Ionescu de la Brad Ion, *Trabalhos Agrícolas*, vol. I, 1968, Ed. "Academiei Republicii Socialiste Romania", Bucareste

13. Ionescu Sisesti Gheorghe, 1942, *Vida e obra de Ion Ionescu dela Brad,* Ed "Ziarului Universul", Bucareste

14. Mill John Stuart, 1909, *Principles of Political Economy with some of their Applications to Social Philosophy,* "Longmans, Green and Co.", Londres

15. Monzon Campos Jose Luis, Chaves Rafael, 2012, *A economia social na União Europeia*, RELATÓRIO disponível em http://www.eesc.europa.eu/resources/docs/qe- 30-12-790-en-c.pdf

16. Mihaila Vlad, *Phalanster de Scaieni- uma experiência social esquecida* disponível em http://www.historia.ro/exclusiv_web/general/articol/falansterul-sc-ieni-un- experiment-social-uitat

17. Owen Robert, 1813-1816, *A New View of Society, Or, Essays on the Principle of the Formation of the Human Character, and the Application of the Principle to* Practiceavailableat http://la.utexas.edu/users/hcleaver/368/368OwenNewViewtable.pdf

18. Patratescu Paul, 2012, *Phalanster, uma curiosidade do passado* disponível em http://geografilia.blogspot.ro/2012/12/falanster-o-curiozitate-trecutului.html#sthash.OdvXlK5l.dpuf

19. Saizu I, Sandru D, 1971, Research on the work of Ion Ionescu de la Brad at the Association of printing workers in Bucharest (1862-1865), Ed. "Academiei Republicii Socialiste Romania", Bucuresti

20. Tham Jared, 2014, *Defining an Asian Social Economy in Future of the Social* Setor disponível em https://centres.smu.edu.sg/lien/files/2013/11/SocialSpace2013-2014_JaredTham.pdf

21. Walras Leon, 2010, *Studies in Social Economics*, „Ed Routledge", Abingdon disponível em

https://books.google.ro/books?id=LCHGBQAAQBAJ&printsec=frontcover&hl=ro&source=gbs_ge_summary_r&c ad=0#v=onepage&q=social%2Beconomy&f=false

WEBOGRAFIA

23. http://www.ilo.org

24. http://www.ies.org.ro

25. http://www.mmuncii.ro

26. https://www.marxists.org

27. http://www.econlib.org

28. http://socialeconomics.org/

29. http://www.newworldencyclopedia.org

30. 0. http: //www.hi story gui de. org

31. http://www.britannica.com

32. http://www.historia.ro

33. http://www.rochdalepioneersmuseum.coop

34. http://www.wikipedia.org

35. http://www.alternatives-economiques.fr

36. http://raiffeisencomunitati.ro

37. http://www.federatia-filatelica.ro/pagini/butculescu.htm

38. http://ica.coop

40. http://www.uscomtm.ro

41. http://www.senscot.net

42. http://www.ripess.org

43. http://www.socialauditnetwork.org.uk/john-pearce/

44. http://lege5.ro

45. http://www.msvu.ca

46. http://www.eesc.europa.eu/?i=portal.ro.home

47. http://legislatie.just.ro

48. http://www.mmssf.ro/

49. http//www.cdep.ro

50. http://www.aippimm.ro

51. http://www.onrc.ro

52. http://www.bnr.ro

53. http://somesaries.ro/

54. http://www.unitate-protejata.com/legislatie-unitati-protejate

55. http://anpd.gov.ro/web/informatii-utile/

56. unitati-protejate-autorizate/lista-unitati-protejate-autorizate/

57. http://www.unitate-protejata.com

58. http://www.worldvision.ro/bunastare2014.pdf

59. http://www.ies.org.ro

60. http://statistici.insse.ro

MIX
Papier aus verantwortungsvollen Quellen
Paper from responsible sources
FSC® C105338

Printed by Books on Demand GmbH, Norderstedt / Germany